SUZY VIEIRA MARÇO DE SOUZA

GESTÃO
Escolar
CONCEPÇÕES E PRÁTICAS

Freitas Bastos Editora

Copyright © 2023 by Suzy Vieira Março de Souza.
Todos os direitos reservados e protegidos pela Lei 9.610, de 19.2.1998.
É proibida a reprodução total ou parcial, por quaisquer meios, bem como a produção de apostilas, sem autorização prévia, por escrito, da Editora.

Direitos exclusivos da edição e distribuição em língua portuguesa:

Maria Augusta Delgado Livraria, Distribuidora e Editora

Direção Editorial: *Isaac D. Abulafia*
Gerência Editorial: *Marisol Soto*
Diagramação e Capa: *Julianne P. Costa*

Dados Internacionais de Catalogação na Publicação (CIP) de acordo com ISBD

```
S729g      Souza, Suzy Vieira Março de
               Gestão Escolar: concepções e práticas / Suzy
           Vieira Março de Souza. Rio de Janeiro, RJ : Freitas
           Bastos, 2023.
               132 p. ; 15,5cm x 23cm.
               Inclui bibliografia.
               ISBN: 978-65-5675-299-0
               1. Gestão Escolar. 2. Gestão educacional. 3.
           Administração escolar. 4. Coordenação pedagógica. 5.
           Educação inclusiva. 6. Projeto político pedagógico.
           7. Gestor escolar. 8. Coordenador pedagógico. 9.
           Orientador educacional. 10. Diretor escolar. I.
           Título.
           2023-1506                              CDD 371.2
                                                  CDU 37.091
```

Elaborado por Vagner Rodolfo da Silva - CRB-8/9410

Índices para catálogo sistemático:
1. Gestão Escolar 371.2
2. Gestão Escolar 159.9:34

Freitas Bastos Editora
atendimento@freitasbastos.com
www.freitasbastos.com

Sumário

Introdução 5

CAPÍTULO I
Gestão Escolar – Aportes Legais 7

CAPÍTULO II
A Descentralização da Gestão Escolar 15

CAPÍTULO III
A Gestão Escolar – Uma Construção Histórica 21

CAPÍTULO IV
A Gestão Escolar na Figura do Diretor 31
O Cotidiano do Diretor Escolar 39

CAPÍTULO V
A Gestão Escolar na Figura do Vice-Diretor 43
O Cotidiano do Vice-Diretor 46

CAPÍTULO VI
A Gestão Escolar na Figura do Coordenador
Pedagógico 49
O Cotidiano da Coordenação Pedagógica 55

CAPÍTULO VII
O Orientador Educacional como Aliado da
Gestão Escolar 59
O Orientador Educacional na Prática 63

CAPÍTULO VIII
Os Pilares da Gestão Escolar 65

CAPÍTULO IX
A Gestão Escolar frente às demandas de Convivência na Escola..71
Demandas da Convivência no Cotidiano Escolar....................74

CAPÍTULO X
A Gestão Democrática e o Projeto Político Pedagógico..77

CAPÍTULO XI
Gestão Democrática, Projeto Político Pedagógico e Educação Inclusiva...85
Educação Inclusiva na Prática...90

CAPÍTULO XII
Relação Gestão x Família..93
E na Prática, como funciona?..96

CAPÍTULO XIII
Relação Gestão x Educandos.......................................99
E na Prática, como funciona?..104

CAPÍTULO XIV
A Gestão e Os Diferentes Segmentos da Educação Básica...105

CAPÍTULO XV
As Relações entre Gestores Escolares e o Corpo Docente – Teoria e Prática.....................................115

CAPÍTULO XVI
As Relações entre Gestores Escolares e a Equipe Administrativa – Teoria e Prática............................121

CAPÍTULO XVII
O Ambiente Escolar cuidado pelos Gestores..........125

Referências..129

Introdução

A educação escolar é certamente uma das principais bases da sociedade e seu surgimento está atrelado à eclosão das escolas e das políticas educacionais implementadas sob a responsabilidade dos Governos Municipais, Estaduais e Federais que regem também, as instituições de ensino privado, legitimadas para exercê-la.

De acordo com a Lei 9.394, de 20 de dezembro de 1996, os princípios que regem o ensino, devem garantir a todos, igualdade de condições para o acesso e permanência nas unidades escolares, direitos de aprendizagem com base na liberdade de pensamento, na pesquisa, no acesso ao patrimônio cultural e ao pluralismo de ideias e concepções pedagógicas.

Considerada como dever da família e do Estado, a educação escolar tem por objetivo supremo, o desenvolvimento pleno de seus educandos, qualificando-os para uma atuação cidadã reflexiva na sociedade. Para gerir essa engrenagem complexa, que envolve inúmeras responsabilidades, tarefas e informações, as instituições de ensino precisaram elaborar um modelo educacional capaz de coordenar as diferentes vertentes do mundo acadêmico, nos diferentes segmentos da educação básica e universitária: a gestão escolar.

O papel da gestão escolar se diferencia da administração escolar, de caráter mais burocrático. A gestão está intimamente ligada aos processos que permeiam a escola como um todo e tem por objetivo supremo, a ampliação e a qualificação das condições de ensino ofertadas aos seus educandos. Dessa maneira, pode-se imaginar quão grandiosa é a tarefa dos gestores escolares que se debruçam na promoção do crescimento, da coordenação e da organização de tempos, espaços e recursos humanos e financeiros para garantir as melhores condições para o progresso das instituições onde atuam. Vale também ressaltar as valiosas contribuições dos gestores escolares frente às organizações curriculares e na gerência das relações e das formações continuadas do corpo docente de cada unidade escolar, em consonância com as premissas legislativas em vigor, de modo a garantir respaldos efetivos de ordem prática e acadêmica.

A escola abarca papéis distintos e não se compromete apenas e tão somente com a dimensão curricular e acadêmica. Ao contrário, se constitui por meio de diferentes pilares de ordem administrativa, financeira, de recursos humanos, comunicação, entre outros. Neste contexto, tendo como incumbência a integração de diferentes processos de ordem administrativa e pedagógica, um de seus pilares fundamentais é a gestão pedagógica, relacionada diretamente ao objetivo máximo que é o processo de ensino e aprendizagem.

A princípio, nos parece ser uma tarefa bastante desafiadora e complexa, pois pelas mãos do gestor escolar, entrelaçam-se aspectos de ordem burocrática, que visam garantir o bom funcionamento da escola e, ao mesmo tempo, as diferentes abordagens de ordem pedagógica.

É preciso então, compreender de fato o abrangente papel da gestão escolar, enquanto liderança política que dinamiza, organiza e interliga os trabalhos burocráticos, ao mesmo tempo em que atua democraticamente frente às práticas que possibilitem uma educação de qualidade efetiva para todos. As ações desenvolvidas pelos gestores devem estar ligadas intrinsecamente com os demais setores que constituem a escola. Sozinho e diante das inúmeras demandas que o cargo exige, nos parece evidente que pouco ou nada se conseguirá.

Esmiuçar as diferentes frentes de atuação dos gestores, possibilitar a compreensão teórica e elucidar práticas cotidianas atreladas ao universo escolar, será a tarefa desta obra literária.

CAPÍTULO I

Gestão Escolar – Aportes Legais

A palavra gestão, em seu sentido original, vem do termo latino *"gestio"*, que abarca a ação de dirigir, de administrar e de gerir a vida. Erroneamente, pode ser compreendida apenas como uma função burocrática e de caráter impositivo, não empático e distante de uma visão humanista. Porém, se concebemos a escola como instituição que cuida da qualidade da educação das pessoas, com base nos princípios democráticos, nos aproximamos muito mais da interpretação da gestão enquanto aquela que organiza os processos e articula saberes e fazeres em prol da construção da cidadania. Devemos destacar que há uma caminhada histórica percorrida para ancorar a escola em uma gestão democrática. Passemos então a conhecê-la:

No período que antecedeu a Constituição Federal de 1988, a gestão escolar era concebida como administração escolar e abarcava obrigações de caráter administrativo e organizacional do universo acadêmico da rede pública e privada. Com perfil centralizador, a administração escolar não previa a participação efetiva dos demais segmentos da comunidade escolar (pais, professores, estudantes e demais funcionários). Dessa maneira, as decisões em relação às demandas escolares eram tomadas em caráter unilateral, na representatividade do diretor de cada unidade escolar, com respaldo nas leis educacionais vigentes até então.

A partir de uma breve retomada histórica, percebemos que a Constituição de 1988 foi fruto da **redemocratização** do Brasil. A implementação da democracia era uma demanda importantíssima da sociedade brasileira, que há muito tempo sofria com o autoritarismo que prevaleceu por todo o período da Ditadura Militar. Nesse período o Brasil tinha como normativa a Constituição de 1967, de caráter enrijecido que fomentava o autoritarismo em todas as instâncias, inclusive nas escolas.

A **Constituição Federal de 1988** é resultado de trabalhos exaustivos elaborados na <u>Assembleia Constituinte de 1987</u> por um período aproximado de 20 meses. Em termos práticos e objetivos, podemos considerá-la como um importantíssimo marco do início do período democrático conhecido historicamente como <u>Nova República</u>. Vale citar sua elaboração atende a diversos interesses da realidade brasileira e postula avanços sociais ao garantir oficialmente as liberdades individuais.

A Constituição Federal de 1988, que tem como ideia central o desenvolvimento de instituições fortes e capazes de dar sustentabilidade democrática ao país, veio a institucionalizar a democratização da gestão do ensino público e privado, apontando ser o caráter democrático, imprescindível para alicerçar os princípios da educação brasileira. Já não eram mais cabíveis ações que não considerassem a voz de seus educadores, de seus estudantes e da comunidade escolar como um todo, pois afinal, são eles os envolvidos diretamente nos processos percorridos no universo escolar.

A visão de uma gestão democrática ultrapassa as questões conceituais que enfatizam a importância de uma sociedade democrática e abarca vínculos com a comunidade local, estrutura o currículo da escola de acordo com as verdadeiras demandas apontadas pelos indivíduos que fazem parte da comunidade escolar. Nessa perspectiva, alunos, professores, pais e funcionários se tornam corresponsáveis pelo andamento da unidade escolar e dão verdadeiro sentido à proposta pedagógica. Notemos que a promulgação da Constituição Federal tem apenas 35 anos e prevê mudanças de paradigmas importantíssimas no cenário educacional, entre elas, a perspectiva de gestão participativa e democrática.

Não falamos aqui de uma mudança simples e rápida de paradigma, pois os desafios são imensuráveis e se estendem até a contemporaneidade, para que se conquiste uma escola realmente democrática.

Além da Constituição Federal, outro marco histórico para a educação brasileira é a Lei de Diretrizes e Bases da Educação (LDB nº 9.394/1996), que define e regulariza a organização da educação brasileira com base nos princípios que norteiam a Constituição e enaltece a gestão democrática enquanto valor para o processo de desenvolvimento dos processos de ensino aprendizagem.

A partir da Constituição Federal de 1988 e da LDB/1996, os sistemas de ensino público e privado da educação básica, definiram normas diferenciadas para a implementação da gestão democrática, com base em princípios de participação dos educadores no projeto pedagógico de suas unidades escolares de atuação, participação efetiva e atuante da comunidade nos conselhos escolares e autonomia pedagógica e administrativa, com base nas normas vigentes.

Nesse contexto, quais seriam as atribuições específicas de um gestor escolar diante dos princípios democráticos acima citados? Seria utopia dizer que é uma tarefa simples. Ao contrário, os gestores escolares assumem uma complexidade gigantesca de tarefas, de responsabilidades relacionadas a questões de ordem administrativa e pedagógica, atreladas a necessidade de promover o engajamento contínuo do corpo docente, dos educandos e da comunidade escolar. Vejamos o que a LDB/96 aponta em relação a essas atribuições em seu Artigo 12, Incisos I a VII:

I. Elaborar e executar sua proposta pedagógica;

II. Administrar seu pessoal e seus recursos materiais e financeiros;

III. Assegurar o cumprimento dos dias letivos e horas-aula estabelecidas;

IV. Velar pelo cumprimento do plano de trabalho de cada docente;

V. Prover meios para a recuperação dos alunos de menor rendimento;

VI. Articular-se com as famílias e a comunidade, criando processos de integração da sociedade com a escola;

VII. Informar os pais e responsáveis sobre a frequência e o rendimento dos alunos, bem como sobre a execução de sua proposta pedagógica.

Já o artigo 18 da LDB, aponta que a gestão democrática integra princípios fundamentais da organização e da administração das instituições escolares e traz a prerrogativa da existência de mecanismos de coparticipação na gestão das instituições de ensino, com representação dos segmentos que a integram, incluindo, no caso das instituições destinadas à educação e ao ensino de crianças e adolescentes, os pais ou responsáveis.

Enfim, na contemporaneidade podemos inferir que a gestão escolar democrática deva se constituir norteada pelos princípios de integração da escola com as famílias, com a comunidade e com a sociedade de maneira geral. Para tanto, há de ser descentralizada e prever a participação dialógica de seus educadores com a comunidade educativa nas discussões e tomadas de decisões (SAVIAVI, 1997). Observa-se assim, quão complexa é a tarefa dos gestores, considerando o modelo tradicional que ainda é presente na sociedade brasileira. Mesmo diante da existência de legislações que apoiam uma gestão descentralizada, por muitas vezes ainda cabem à equipe diretiva da escola, as prerrogativas de tomada de decisão acerca dos rumos da escola a serem seguidos, sem maior participação dos demais membros da comunidade, do corpo discente ou docente.

A transformação efetiva de uma cultura escolar ancorada no diálogo igualitário, na gestão guiada pela horizontalidade e no fazer coletivo não hierarquizado, ainda está em processo de rompimento frente aos paradigmas emergentes da sociedade atual.

Nos aportes legais e normativos em relação à fundamentação da gestão escolar democrática, encontramos citações importantes no Plano Nacional de Educação (Lei nº 13.005, de 25 de junho de 2014), acerca das metas da gestão escolar democrática, das suas competências técnicas e da sua real representatividade. Publicada em forma de anexo e relacionada ao art. 214 da Constituição Federal do Brasil (1988), a lei assegura condições, no prazo de 2 (dois) anos, para a efetivação da gestão democrática da educação, correlacionada a critérios técnicos e metodológicos, à consulta pública à comunidade escolar, com apoio das ações governamentais. O documento também enfatiza para a nomeação dos diretores e diretoras de escola, critérios técnicos de mérito e desempenho, bem como a participação da comunidade escolar.

O PNE, estimula a constituição e o fortalecimento de grêmios estudantis e associações de pais, de conselhos escolares e conselhos municipais de educação, como instrumentos de participação e fiscalização na gestão escolar, a participação e a consulta de profissionais da educação, alunos(as) e seus familiares na formulação dos projetos políticos pedagógicos, currículos escolares, planos de gestão escolar e regimento escolares, assegurando a participação dos pais na avaliação de docentes e gestores escolares. Além disso, a Lei nº 13.005 de 5/6/2014, tece explícitos apontamentos em relação à necessidade de autonomia pedagógica, administrativa e de gestão financeira nos estabelecimentos de ensino e o desenvolvimento de programas de formação de diretores e gestores escolares com critérios objetivos para o provimento dos cargos.

Se tomarmos como ponto de partida a Constituição Federal datada de 1988, com suas especificidade e determinações quanto a implementação da gestão de caráter democrático, percebemos quão recente ainda é essa perspectiva, embora a demanda social certamente anteceda a própria Constituição. Parece-nos claro que, mesmo com o amparo de legislações que validem a construção de uma gestão descentralizada, é preciso que a própria instituição escolar transforme sua <u>cultura</u> na perspectiva do diálogo, porém, para que isso se concretize, ainda há uma caminhada significativa a ser percorrida, considerando o modelo de educação tradicional e centralizador, ainda tão presente nos dias atuais.

O respaldo legislativo é sem dúvida de importância vital, porém, reverter e concretizar ações efetivas em relação à implementação de uma gestão escolar democrática em sua essência, vai muito além dos aspectos conceituais normativos. Mesmo com a existência de legislações que amparem a construção de uma gestão descentralizada, é preciso que a própria instituição escolar se empodere e transforme sua <u>cultura</u> na perspectiva do diálogo igualitário, da horizontalidade e da consonância entre as forças que compõem a comunidade escolar como um todo.

Certamente não se trata apenas de uma concepção de sociedade que clama pela democracia enquanto princípio fundamental. A abordagem da gestão democrática preconiza o entendimento de que seja ela, uma condição estruturante para a qualidade da educação para todos, a partir de tomadas de decisões pautadas em reflexões partilhadas com a comunidade escolar, com a qual o vínculo precisa ser estabelecido para que se compreenda a realidade local e suas verdadeiras demandas.

Ainda falando sobre a trajetória histórica do papel da gestão escolar, destacam-se dois modelos: técnico-científico e democrático-participativa.

No modelo técnico-científico, vemos claramente sua fundamentação marcada pela hierarquia de poderes e funções, notadas de forma mais contundentes no período que antecede a promulgação da Constituição Federal.

O modelo técnico-científico de gestão escolar fundamenta-se na hierarquia de funções, onde o cumprimento das tarefas tem maior importância do que as relações interpessoais. Nesse modelo, evidencia-se o poder e a autoridade, muitas vezes austera, a fim de criar relações de subordinação e baixo grau de participação da comunidade escolar (pais, alunos, professores). Impera neste caso, a inexistência ou ineficácia do espírito de equipe, do trabalho coletivo e a centralização do poder.

Nesse modelo, o poder centralizador do diretor ganha destaque e evidencia-se a hierarquia de poderes, de acordo com os cargos ocupados. Há ênfase no sistema de normas, regras e procedimentos burocráticos que muitas vezes se distanciam dos verdadeiros objetivos e demandas de cada unidade escolar.

O modelo democrático-participativo, adequado à educação contemporânea, visa garantir o bom funcionamento da escola, aprendizagens significativas para todos os alunos, igualdade de oportunidades para os alunos, bem como para democratizar a educação e a escola. Nele, as experiências subjetivas de professores, alunos, pais, funcionários e integrantes da comunidade escolar, são consideradas e legitimadas. Sua base estrutura-se na participação, no diálogo e na tomada de decisão coletiva de forma a valorizar os elementos internos do processo organizacional.

A objetividade na organização e na gestão de informações condizentes com a realidade de cada escola é uma das principais características da gestão democrática participativa. Para que o teor organizacional tenha êxito, obviamente existem regras e hierarquia, porém estas não são rígidas e inflexíveis. O modelo prevê um modo de organização no qual objetivos sociopolíticos e pedagógicos da escola são decididos de maneira participativa e com escuta atenta às reais demandas da escola, pela voz de diferentes profissionais que nela atuam, considerando suas diferentes competências e funções.

Enfim, não podemos perder de vista, que a gestão da escola exige posicionamento e liderança para articular diferentes demandas e decisões. O papel do gestor escolar, jamais será neutro, considerando que todas as questões da escola, envolvem necessidades distintas, princípios que devem ser seguidos e inúmeras tomadas de decisões que demandam posicionamento ativo, ética e empatia.

CAPÍTULO II

A Descentralização da Gestão Escolar

Vejamos agora o processo de descentralização da gestão escolar, a complexa instrumentalização das políticas públicas que a garantem e a necessidade de práticas autônomas por parte dos sujeitos envolvidos para a instalação dos princípios democráticos no universo escolar.

Ao pensarmos na ancoragem da gestão democrática, focamos na perspectiva de uma educação emancipatória, empenhada no desenvolvimento da cidadania em sua essência maior. Gadotti (2001) contribui com essa reflexão, afirmando que a escola deve formar para a cidadania e, para isso, ela deve dar exemplo. A gestão democrática da escola é um passo importante no aprendizado da democracia. A escola não tem um fim em si mesmo. Ela está a serviço da comunidade.

Para uma aproximação cada vez maior das normativas que determinam a implementação da gestão democrática como premissa máxima do sistema educacional, não cabe mais o papel de gestores centralizadores e detentores do poder decisório das demandas escolares. Ao contrário, devemos compreender a necessidade de uma descentralização frente às tomadas de decisão dos processos que envolvem a organização escolar. Nesse processo, é fundamental que os agentes envolvidos no âmbito escolar, tenham uma participação mais efetiva, pois afinal, são eles os mais próximos aos problemas e às necessidades que transbordam no cotidiano escolar, compreendendo-os em sua essência. Nessa perspectiva, as discussões acerca das demandas escolares, do ponto de vista organizacional e educacional, saem do gabinete das secretarias públicas, de seus diretores e coordenadores e alcançam olhares de seus professores, alunos, famílias e demais colaboradores, como secretários, porteiros, merendeiras, auxiliares de limpeza, entre outros.

Essa tão sonhada descentralização prevê uma gestão que compreenda os conceitos verdadeiros de participação, de relações dialógicas, de democracia, de princípios políticos da autonomia responsável. A grande engrenagem que move a escola é acionada e mantida por muitas mãos e por muitas cabeças pensantes, que diante da descentralização das tomadas de decisão, ganham vez e voz para ressignificar e alicerçar transformações sociais, que se distanciem das concepções neoliberais que atribuem à escola, um status empresarial, estimulado pela concorrência e padrões de qualidade almejados pelo mercado de trabalho e não pela formação cidadã consciente de seus direitos e deveres alicerçados por um ensino de qualidade para todos.

Uma transformação assim, não se faz da noite para o dia. É uma construção histórica que passa pelos caminhos sociais, econômicos e políticos do país, repletos de contradições de toda ordem e de interesses políticos muitas vezes movidos por motivos distintos das demandas reais do ensino de qualidade.

Porém, não podemos perder de vista que, a gestão escolar não é e não pode ser neutra ou generalista. Ao contrário, ela chama à responsabilidade coletiva, articula processos de formação cidadã, cria espaços e mecanismos distintos para a consolidação de participação social autônoma e emancipatória.

A descentralização de poder decisório no contexto escolar é a ferramenta mestra que dá início à caminhada rumo ao processo de democratização, para que este se efetive. Percebe-se que a democracia, no âmago das relações internas entrelaçadas e vivenciadas nas escolas, não terá sentido e não se fortalecerá se não for ancorada em ações que priorizem à autonomia escolar envolvendo diretores, coordenadores, professores, alunos, funcionários e famílias, com foco nas expectativas e necessidades da comunidade local.

No Brasil, é notório que o nível de escolaridade é bastante precário, conforme indicadores de analfabetismo e subescolarização divulgados pelo próprio MEC/INEP. Essa baixa qualidade no ensino é revelada pelos altos índices de evasão, repetência, analfabetismo e aprendizagem incompleta. Tais fatores aparecem atrelados ao mau gerenciamento, da forte organização burocrática e centralizadora e ao desperdício de recursos e de tempo. Frente a isso, em meados dos anos 90, como já dito, após a Constituição Federal de 1988, foram propostas alterações significativas nas estruturas organizacionais e administrativas, priorizando a flexibilização, descentralização, democratização e autonomia.

Essa nova forma de gestão, principalmente no contexto público, abarca a institucionalização da participação da comunidade na tomada de decisões, por meio de órgãos colegiados como Conselhos de Classe, Conselhos Escolares, Associação de Pais e Mestres – APMs e Grêmios Estudantis, a elaboração mais autônoma da escola em relação ao próprio projeto pedagógico, a liberdade para gerenciar recursos e aplicá-los em suas prioridades buscando, se necessário, outras fontes orçamentárias. Quanto mais descentralizada, flexível, participativa e democrática, for a gestão escolar, mais eficiente será.

Regida pelas leis normativas, a gestão escolar, na figura do diretor é um elemento fundamental dos processos internos que se desenvolvem na escola. É ele o responsável pelo entrelaçamento das atividades administrativas, financeiras e pedagógicas. Como líder, espera-se que sua integração com a comunidade, seja próxima e capaz de articular soluções junto a ela, com base em um clima organizacional propício para a democratização dos processos educacionais. Sobre o perfil desse líder, trataremos posteriormente em capítulo específico. Por ora, basta atrelar sua figura à responsabilidade de práticas democráticas no cotidiano escolar.

O processo de descentralização da gestão escolar e do fortalecimento da escola visa diluir e aniquilar princípios políticos de favoritismo que ignoram as necessidades reais da sociedade em relação à qualidade do ensino. A implementação da gestão democrática prevista na LDB (1996) e no PNE (2014), enfatiza a eminente necessidade de rompimento com o paradigma de gestão burocrática e sem a abordagem de técnicas de gerenciamento modernas. Se a escola continuar a funcionar com base em um conjunto de normas e procedimentos definidos fora de seus domínios, certamente continuará condenada ao fracasso.

Descentralizar a gestão escolar implica na criação de colegiados ou conselhos escolares, na liberdade para operar transferências de recursos de acordo com as reais necessidades de cada escola, na atuação de diretores altamente comprometidos uma educação de qualidade para todos, e na adoção de mecanismos e procedimentos voltados à autoavaliação, capaz de mover constantes articulações de corresponsabilidade para a obtenção de resultados qualificados e democráticos de educação. Não se trata de liberdade sem gerenciamento, mas sim de uma forma de administração voltada ao atendimento das necessidades e expectativas de seus alunos, pais, comunidade e sociedade, preparada potencialmente para realizar serviços de qualidade. De acordo com Lei de Diretrizes e Bases – LDB nº 9.394/96 (BRASIL,1996), ao regular a educação escolar pública, a partir do princípio constitucional, no seu artigo 15, "os sistemas de ensino assegurarão às unidades escolares públicas de educação básica, que os integram, progressivos graus de autonomia pedagógica e administrativa e de gestão financeira observada as normas gerais de direito financeiro público".

A mesma Lei, em seu artigo 14, com a intenção de atrelar os princípios de autonomia com a efetiva participação dos sujeitos envolvidos no contexto escolar, pontua sobre a elaboração do projeto pedagógico da escola e sobre a participação das comunidades escolares em conselhos escolares ou equivalentes.

Em alinhamento com as tendências mundiais que se preocupam com as questões de governabilidade de ensino, para que ele seja oferecido a todos de forma adequada, qualificada e democrática, a legislação educacional brasileira, confere às escolas o importante espaço de construção da cidadania. Na contemporaneidade, a responsabilidade da gestão estar na própria escola, tornou-se uma das principais ideias da administração escolar e é compatível com as demandas sociais enfrentadas pelos sistemas de ensino, tendo em vista que se assim não fosse, seria insano o gerenciamento do grande número de escolas da sociedade brasileira.

De acordo com Oliveira (2000), as escolas continuam atreladas a um sistema de ensino com normativas específicas, porém com o processo de autonomia concebido a elas, foram acrescidas e incorporadas responsabilidades quanto à tomada de decisão, em caráter colegiado. Como exemplos de autonomia cabível às unidades escolares, podemos citar a elaboração do calendário escolar, a definição dos gastos de acordo com o orçamento disponível e a elaboração do Projeto Político Pedagógico.

A descentralização administrativa e financeira na gestão escolar, passa pelo caminho de reestruturação dos sistemas de ensino, colaborando para torná-los menos onerosos e mais fluidos. Com isso, a escola tem potentes possibilidades de se reorganizar de acordo com as demandas e de consolidar sua própria identidade, com base nos princípios de inovação e criatividade. Obviamente há limites de autonomia, não no sentido de tolher a democracia garantida pelas leis, mas sim no sentido de conceber a escola como instituição política.

É importante ressaltar que ao ter autonomia de decisões, a escola não estará abandonada pelas Secretarias Municipais e Estaduais de Educação, que são responsáveis pelo sistema, que precisam monitorar, supervisionar e avaliar o sistema educacional como um todo. No entanto, a administração da escola não é função da Secretaria, pois as demandas do cotidiano não podem esperar o longo prazo para serem solucionadas. Obviamente, as normas institucionais e legais precisam ser seguidas e respeitadas, porém a autonomia da gestão de cada unidade escolar precisa ser validada para que que haja engajamento da comunidade educativa para atingir patamares elevados de qualidade da educação e equidade de desenvolvimento cognitivo, social e político de seus educandos.

A descentralização possibilita a construção de espaços públicos mais engajados e capazes de forjar a cidadania emancipatória. Nessa perspectiva, o sentido de coletividade, se distancia da ideia de uma identidade estática e abre possibilidades reais de autotransformação, de amadurecimento, de ampliação de visão de mundo contemporâneo, no qual o respeito pela diversidade deve ser alicerce máximo. A democracia no âmbito escolar é certamente o principal caminho para se atingir uma educação pública de qualidade.

Para que a descentralização se concretize, não basta haver leis que promulguem a gestão democrática e permitam autonomia pedagógica, administrativa e financeira às escolas. É necessário também, que a comunidade escolar, representada por seus diretores, coordenadores, professores, pais, alunos e equipe administrativa, compreendam de maneira ampla, os princípios políticos de autonomia, que estabelecem direitos e deveres a serem cumpridos.

Não podemos perder de vista que a gestão escolar tem sua construção historicamente marcada por inúmeras contradições e interesses políticos. Se ela é resultante de um processo de transformações sociais, econômicas e políticas, não podemos compreendê-la como algo neutro ou generalista. Na verdade, ela ultrapassa as perspectivas do processo pedagógico em si e abarca conflitos e demandas de ordem política e social, que clamam pela participação de todos os sujeitos envolvidos no princípio da gestão democrática.

Finalizamos este capítulo com a contribuição de Gadotti (2001), ao fazer o seguinte apontamento:

> *"A escola deve formar para a cidadania e, para isso, ela deve dar exemplo. A gestão democrática da escola é um passo importante no aprendizado da democracia. A escola não tem um fim em si mesmo. Ela está a serviço da comunidade. Nisso, a gestão democrática da escola está prestando um serviço também à comunidade que a mantém. A gestão democrática pode melhorar o que é específico da escola, isto é, o seu ensino. A participação na gestão da escola proporcionará um melhor conhecimento do funcionamento da escola e de todos os seus atores." Gadotti (2001),*

A partir de agora, vamos revisitar a construção histórica da gestão escolar no cenário da educação brasileira.

CAPÍTULO III

A Gestão Escolar – Uma Construção Histórica

Para melhor compreender as inúmeras facetas da administração escolar, é importante fazermos um passeio pelo cenário histórico social brasileiro.

Iniciemos em 1599, quando os jesuítas no plano de estudos da Companhia de Jesus que apontava o papel do Reitor atrelado ao poder máximo de zelar pelo funcionamento satisfatório do Colégio, para a formação da elite colonial, em caráter catequizador. Já em 1759, com a expulsão da Companhia de Jesus das terras de domínio português, a organização escolar sob influência das ideias iluministas e com foco no servir aos interesses do Estado, passou a ter um ensino fragmentado e estruturado a partir de aulas régias ministradas por professores supervisionados diretamente pelo diretor, que de forma rígida controlava e advertia os educadores para que o ensino estivesse de fato, pautado nos interesses do imperador (SAVIANI, 2010).

Com a chegada da Família Real ao Brasil em 1808, o ensino passou a ser estruturado nos níveis primário, secundário e superior, no intuito de atender à demanda educacional da aristocracia. A instrução elementar, do chamado ensino primário, ficava a cargo de professores particulares e aulas régias, destinadas obviamente à elite (XAVIER, 1980). A educação no império ficou reduzida a existência de pouquíssimas instituições escolares que ofereciam a instrução primária às crianças pequenas. Diante do exposto, não é difícil perceber que durante todo o período colonial, a educação nunca ocupou um lugar de prioridade na sociedade.

No início da era republicana, atribuiu-se à educação a tarefa de moldar a população aos ideais de desenvolvimento e reconstrução da sociedade, com base nos ideais liberais. Em1890 surgiram os grupos escolares com classes seriadas, homogêneas e regidas pela figura do diretor, representante do Estado e do Governo. Diante do crescimento industrial, com ênfase na racionalização científica, burocrática e empresarial priorizaram-se as bases científicas e administrativas na formação do administrador escolar, em detrimento do pedagógico, conforme nos aponta Seco (2006).

Com o passar dos anos, um pouco antes da Revolução de 1930, com os avanços intelectuais e uma efervescência política, alguns movimentos surgiram a fim de uma reforma cívica e ética da sociedade. Entre elas, destaca-se a Semana de Arte Moderna em 1922, um movimento político e cultural modernista. Esses movimentos começaram a iluminar os olhares em relação ao papel da educação na sociedade. Nessa trajetória, em 1932 surgiu o movimento da Escola Nova e o Manifesto dos Pioneiros da Educação, que trouxeram inúmeros e preciosos trabalhos teóricos e empíricos sobre a administração pública. A partir daí o administrador ou diretor escolar passou a ser visto como elemento necessário para a organização escolar e, para tanto, sua formação também passou a ser estruturada de forma a atender as necessidades do contexto escolar.

De maneira prática, tentaremos expor a seguir os principais conceitos do movimento da Escola Nova ou Escolanovista, como também é conhecido. As primeiras ideias antecedem a Semana de Arte Moderna, e foram inseridas por Rui Barbosa, em meados de 1882. Porém, a grande influência para o movimento da Escola Nova, veio de John Dewey, um filósofo americano que apontou ser a educação, uma necessidade de ordem social para que as pessoas possam dar prosseguimento aos conhecimentos adquiridos. Para Dewey, a escola não pode ser uma preparação para a vida, mas sim, a própria vida.

Na primeira metade do século XX, o movimento de renovação do ensino, chamado de Escola Nova, ganhou forças no Brasil e desenvolveu-se paralelamente a importantes transformações econômicas, políticas e sociais, que estavam acontecendo atreladas ao processo de urbanização, à expansão da cultura cafeeira e ao crescente avanço industrial e econômico do país. Tal cenário, também revelou graves desordens nos aspectos políticos e sociais, que geraram mudanças significativas no contexto intelectual brasileiro.

O movimento Escolanovista enaltece a educação enquanto potência para a construção de uma sociedade democrática que respeite subjetividades, individualidades e diversidades dos sujeitos, para que estes possam atuar de maneira integrada e atuante na sociedade. A visão da função democratizadora da educação, no sentido de igualar as oportunidades, é ideário da Escola Nova.

Como já brevemente pontuado, no século XX, ocorre o Manifesto dos Pioneiros da Educação, um marco verdadeiramente histórico em relação à integração social e formalização do ensino público. A partir dele, novos debates surgiram acerca da democratização do acesso à educação e de sua verdadeira função social. Nasce aí, a chamada hierarquia democrática, que tem por base a organização e o desenvolvimento de meios de ação durável com o fim de administrar o desenvolvimento dos sujeitos nas diversas etapas de seu crescimento.

Nesse contexto, não podemos deixar de citar Anísio Teixeira, pioneiro da Escola Nova, defensor de uma nova organização do sistema de ensino laico, público, obrigatório e gratuito. Teixeira (2007) aponta para a ineficácia dos serviços escolares focados apenas na distribuição e articulação de princípios abstratos. Para ele, as reais funções da educação, do ponto de vista social, econômico e político, não eram devidamente consideradas.

Os movimentos acima citados provocaram significativas reflexões sobre a administração escolar, vislumbrando possibilidades de descentralização do poder e das incumbências administrativas dos gestores escolares. Como já dito anteriormente, entende-se na contemporaneidade que a gestão democrática, envolvendo a participação efetiva de todos os envolvidos, desde que cada um compreenda e cumpra seus respectivos papéis, seja o modelo mais adequado para se alcançar os ideais de educação de qualidade para todos.

Mas é essa hoje a realidade da educação brasileira? Para refletirmos a respeito desse questionamento, vamos relembrar outros acontecimentos históricos que obviamente afetaram a organização escolar de nosso país.

O golpe militar ocorrido em meados dos anos 60 causou expressivas repressões e instituiu o silêncio e até mesmo a morte para os que ousaram se opor ao poder ditatorial. Diante disso, o tão sonhado cenário democrático da educação permaneceu estagnado e apenas em meado da década de 80 ressurgiu de forma mais expressiva, o anseio da população pela participação mais direta nos desígnios do país nos diversos campos e da escola enquanto instituição democrática (Chauí & Nogueira 2007).

Vale aqui destacar, a trajetória da Lei de Diretrizes e Bases da Educação (LDB). A primeira LDB levou 13 anos para ser aprovada. Foi publicada em 1961, pelo presidente João Goulart. Seus principais pontos são: maior autonomia dos órgãos estaduais, diminuição da centralização do poder no MEC, regularização dos Conselhos Estaduais e Federais de Educação Federal de Educação, além de determinações orçamentárias de diferentes ordens. Em seu artigo 42, a Lei de Diretrizes e Bases da Educação Nacional, nº 4.024/61, deliberou que "[...] o diretor de escola deverá ser educador qualificado".

A versão seguinte data de 1971, durante o regime militar, no governo Médici. Com ela, o ensino passou a ser obrigatório dos 7 aos 14 anos, no então chamado "primeiro grau". Prevê também um núcleo comum para o currículo de 1º e 2º graus e uma parte diversificada em função das peculiaridades locais.

Já em 1988, com a promulgação da Constituição, era claro o quão obsoleta estava a LDB vigente até então, porém, somente em 1996 o debate sobre a nova lei foi concluído, no governo de Fernando Henrique Cardoso, com base no princípio do direito universal à educação para todos. Com a LDB de 1996 consolidou-se a inclusão da Educação Infantil, como primeira etapa da educação básica estabeleceu-se um núcleo comum para o currículo do Ensino Fundamental e Médio (anteriormente chamados respectivamente de primeiro e segundo graus).

Com a derrocada da ditadura e, até os dias atuais, o Brasil vivenciou lutas importantíssimas pela conquista de uma democracia efetiva. Muitos governos, muitas promessas infundadas e não cumpridas, processos de impeachment, que reforçaram na sociedade o desejo por um país mais justo e igualitário, governado por princípios democráticos que propiciem progressos aos diferentes setores que movem a nação brasileira e não apenas àqueles que ainda se empoderam em brilhantismos individuais e gana desmedida para conquistas mantidas por ações nem sempre lícitas. De qualquer maneira, as leis existem e cabe também à sociedade a luta por fazê-las valer, considerando que nosso país ainda enfrenta inúmeras e profundas desigualdades de ordem social, econômica e cultural.

Na luta pela reconquista e pela garantia da democracia representativa, hoje conquistamos o direito de escolha dos dirigentes da nação por meio do voto. Faz-se necessário então, a consolidação de uma democracia participativa que abarca cidadãos enquanto sujeitos históricos, cientes de seus direitos legais e que cumprem seus deveres constitucionais.

Lembramos que após a Lei 9.394/96, a questão da descentralização e a implantação da gestão democrática ganharam força, levando o governo a criar programas de recursos para a escola. Podemos citar aqui o Programa Dinheiro Direto na Escola (BRASIL, 2004a), que se fundamenta na prestação de assistência financeira suplementar às escolas públicas de âmbito municipal, estadual e também do Distrito Federal, desde que as escolas estejam estruturadas de acordo com os princípios de gestão colegiada envolvendo pais, alunos, e profissionais da escola nas principais decisões.

Os preceitos legais apontam para uma maior autonomia em relação ao poder decisório de ordem financeira, pedagógica e administrativa. Nesse sentido, surge o Conselho Escolar, enquanto órgão colegiado responsável pela gestão da escola como um todo. De Estatuto próprio, o Conselho Escolar normatiza a quantidade de membros, a periodicidade das reuniões deliberativas sobre as normas internas e o funcionamento da escola, possibilita a participação dos membros na elaboração do Projeto Político-Pedagógico, analisa e aprova o Calendário Escolar, acompanha ações pedagógicas, administrativas e financeiras da escola, propõe sugestões e mobiliza a comunidade escolar e local para uma participação mais efetiva para a melhoria da qualidade da educação, como previsto pela legislação. Nesse sentido, surge o Programa Nacional de Fortalecimento dos Conselhos Escolares que conta com a participação de organismos nacionais e internacionais Conselho Nacional de Secretários de Educação (Consed), União Nacional dos Dirigentes Municipais de Educação (Undime), Confederação Nacional dos Trabalhadores em Educação (CNTE), Fundo das Nações Unidas para a Infância (Unicef), Organização das Nações Unidas para a Educação, a Ciência e a Cultura (Unesco) e Programa das Nações Unidas para o Desenvolvimento (PNUD).

A atuação dos Conselhos está imbricada em outras lutas, relacionadas às demandas de infraestrutura das escolas e à formação continuada e salários dignos dos educadores. Inferimos que os Conselhos Escolares, não podem substituir políticas públicas e nem arcar com as responsabilidades de maior amplitude, porém, ações tomadas pelo crivo da coletividade, poderão acarretar desdobramentos muito positivos no cotidiano das escolas, corroborando com os princípios democráticos e emancipatórios sobre os quais a educação precisa alicerçar-se.

Diante da trajetória da gestão escolar, explanada até aqui, passamos a indagar como se estabelece a gestão democrática nas escolas.

Ao considerarmos a escola como sendo uma potente organização social, cultural e humana, compreendemos que cada sujeito envolvido nos processos que se desenvolvem nela, precisa ter seu papel claramente definido, para que se garantam participações coletivas. A efetivação da Gestão Democrática é permeada por condições materiais e imateriais e não somente pelos princípios normativos. Sua implementação dependerá da participação e do engajamento de todos os que fazem parte do processo educativo, que devem, de maneira colaborativa, buscar meios que possibilitem a Gestão Democrática. Aos gestores, a parcela de responsabilidade é ainda maior.

É importante ampliarmos nossa visão acerca dos princípios constitutivos da Gestão Democrática, que são: autonomia, transparência e pluralidade. Todos representam singularidades importantes desse processo e imbricados uns nos outros fundamentam sua concepção política e social.

A autonomia, entendida como forma de governar-se pelos próprios meios, abarca no contexto escolar algumas dimensões distintas, mas que se entrelaçam fortemente nos processos escolares. São elas:

- Dimensão Administrativa:
  Envolve questões específicas das questões burocráticas e administrativas, entre as quais, podemos citar os indicadores de desempenho, a manutenção dos materiais e espaços e a administração do trabalho realizado pelos sujeitos que atuam em diferentes setores.

- Dimensão Financeira:
  Relaciona-se aos recursos financeiros e às formas mais efetivas de administrá-los, a favor do bem comum.

- Dimensão Pedagógica:
  Trata da organização curricular e das especificidades pedagógicas, como planos de ensino, avaliações e metodologias que permeiam o processo de ensino.

- Dimensão Jurídica:
  Relaciona-se às normativas legais, aos estatutos, ao regimento e portarias e às normas elaboradas pela própria escola, por meio das decisões colaborativas.

Como já sinalizado anteriormente, a participação efetiva é esperada por todos os sujeitos que fazem parte do processo educativo, como gestores, educadores, alunos, agentes administrativos e comunidade escolar. Compreendida como uma responsabilidade de ordem coletiva, a escola tem melhores condições de evitar altos índices de evasão escolar e de reprovação dos alunos.

Na posição de liderança colaborativa, os gestores precisam então, criar e consolidar canais que favoreçam a participação dos sujeitos, afim de que a escola realmente possa ser reconhecida como espaço público da cidadania. Fundamenta-se e evidencia-se dessa maneira o relevante princípio de participação.

Quanto ao princípio de transparência, destacamos que ele se revela como meio eficaz de dar credibilidade ao espaço público por meio do livre acesso às informações legítimas e idôneas de diferentes ordens. Assim como o princípio da participação, a transparência também prevê ações coletivas que se estruturam por meio da socialização clara e concisa das informações. Se assim o for, a confiabilidade se instaura e os propósitos educativos se tornam mais palpáveis.

Em relação ao pluralismo, podemos dizer que está intimamente ligado ao reconhecimento livre de preconceitos e à valorização das diferentes identidades e interesses que permeiam o ambiente escolar. São nos conflitos das ideias que se debatem os processos democráticos. É na heterogeneidade que se sustentam as reflexões acerca das diferentes formas de pensamento e de visão de mundo, e a partir delas, de maneira transparente e participativa, se buscam os melhores percursos, rumo a uma educação democrática de fato.

São, portanto, a participação, a autonomia, a transparência e a pluralidade, os elementos básicos da Gestão Democrática. Imbricados uns aos outros garantem que a escola se consolide democraticamente por meio de práticas sociais e culturais adequadas a este princípio supremo.

Diante da articulação entre os princípios da Gestão Democrática, a Gestão Escolar, na figura de seus representantes, tem a incumbência de organizar todos os elementos que influenciam no trabalho pedagógico. Essa equipe deve estar focada no fortalecimento do trabalho coletivo, na ética profissional e no comprometimento político-pedagógico com a educação, o que implica em transparência e impessoalidade, autonomia e participação, liderança e trabalho coletivo, representatividade e competência.

Cabe, portanto, à equipe gestora proporcionar espaços de participação e, dentre outras competências, promover um clima de confiança e reciprocidade, em que todos possam compartilhar ideias, opiniões, chegando a um consenso e responsabilizando-se pelos resultados; proporcionar um ambiente colaborativo; e incentivar e articular para que todos os segmentos envolvidos no processo educacional participem da tomada de decisões, acompanhamento e avaliação das ações da escola.

Ao transitarmos pela historicidade da educação no sentido de organizá-la e mobilizá-la por meio da articulação de recursos materiais, humanos e tecnológicos, inferimos que a Gestão Escolar constitui uma dimensão gigantesca e repleta de responsabilidades para que se garanta avanço dos processos socioeducacionais dos estabelecimentos de ensino. É notório que todo o trabalho no contexto educacional, demanda liderança para que se garanta aprendizagens efetivas. Passemos então, a refletir sobre o perfil necessário aos gestores da contemporaneidade e as demandas enfrentadas no interior das unidades escolares.

CAPÍTULO IV

A Gestão Escolar na Figura do Diretor

Diante da função de natureza formadora, todo e qualquer trabalho em educação está diretamente atrelado a ações de liderança. Não estamos falando de uma liderança ditatorial e impositiva, mas sim, daquela que inspira as pessoas e valoriza conhecimentos e competências individuais de todos os envolvidos no contexto escolar.

Vale também pontuar, que além de ser um elemento chave no cotidiano escolar, no sentido de inspirar e articular ações em prol dos avanços de seus educandos e do bom funcionamento da escola, cabe ao gestor um alto nível de conhecimento pedagógico, sócio emocional, político e social. É importante partirmos do princípio de que a liderança não é uma característica meramente nata dos indivíduos, embora certamente algumas pessoas tenham maior facilidade para exercê-la. O papel da gestão abarca constantes buscas por soluções, com base em uma visão estratégica e integradora de diferentes dimensões que devem se estruturar por meio do diálogo e do envolvimento coletivo. Para tanto, conhecimentos específicos, dedicação, entusiasmo, ética e princípios democráticos, são perfis fundamentais para os gestores escolares.

As demandas da educação e todos os preceitos democráticos promulgados nas leis normativas anteriormente expostas clamam por envolvimento coletivo e pelo diálogo. Dessa forma, a equipe gestora, representada por seus diretores e coordenadores pedagógicos, exerce um papel caracterizado pela liderança inerente às suas funções.

Ao diretor escolar, além das atribuições de ordem administrativa e financeira, cabe a responsabilidade de encontrar efetivos equilíbrios entre tais processos e as práticas pedagógicas. A lista de suas atribuições é extensa e certamente desafiadora, o que enaltece ainda mais a necessidade de se estabelecer uma forma de gestão participativa, para que muitas mãos, de acordo com suas incumbências específicas, possam articular ações para a conquista de uma educação de qualidade para todos.

Entre as incumbências do diretor escolar, podemos citar o planejamento estratégico da instituição escolar, a supervisão das ações realizadas na escola, o atendimento às famílias, professores e alunos, o controle financeiro. É fundamental lembrar que não basta a competência do diretor, no sentido de lidar com as questões de ordem burocrática e administrativa, pois o universo escolar contempla pessoas com realidades e necessidades diferentes. Se a gestão tiver em sua prática os princípios democráticos, essa diversidade será convocada a participar de maneira efetiva para que se busquem soluções positivas para o bom andamento da escola. Ousamos aqui dizer, que um bom gestor precise ter por máxima, firmeza nos princípios e suavidade nos modos. Isso fará toda a diferença.

Com base na lei que regulamenta o sistema educacional brasileiro, LDB 9.394/96, o diretor deve assegurar os direitos e deveres tanto da instituição quanto de alunos e funcionários. Suas práticas também envolvem amplo conhecimento sobre os preceitos da Constituição Federal de 1988, do Estatuto da Criança e do Adolescente, bem como sobre as leis complementares que regulamentam as atividades e processos escolares.

As questões de ordem burocrática administrativa ficam também sob a responsabilidade do diretor. Assim, seu conhecimento acerca das normas e portarias que regem o sistema educacional, é fundamental. O cumprimento de prazos, elaboração e supervisão de documentações específicas da escola e dos educandos, destino de verbas, também fazem parte das atribuições do diretor escolar.

No que tange a área pedagógica, o diretor deve pautar suas ações, ancorando-se sempre na melhoria do desempenho da instituição de ensino e para tanto, planejamento e diálogo com a comunidade escolar como um todo, são fundamentais para que o diretor escolar obtenha um balanço preciso sobre as demandas da escola. No cotidiano escolar, o diretor, constantemente avalia os processos e os resultados, porém, sob os princípios da gestão democrática, ele também é avaliado pela comunidade educativa.

É correto afirmar que uma das competências básicas do diretor escolar é despertar em sua comunidade educativa, a visão do papel de cada um dos envolvidos em relação à máxima de educação de qualidade para todos. Para isso, este sujeito precisa se debruçar continuamente em estudos sobre os fundamentos e as diretrizes educacionais, postos em literaturas historicamente constituídas e que revelem atualizações pertinentes à sociedade atual e sobre a legislação em vigor. Sem essa dedicação, será impossível cumprir adequadamente o seu papel.

Além disso, é fundamental que para o exercício pleno de seu trabalho, o diretor se preocupe em construir um repertório conceitual próprio em sua escola, com base nas bases normativas, mas adequado às demandas específicas do local onde trabalha. Dessa forma, sua competência será qualificada e nutrida adequadamente para que enfrente desafios ligados às políticas educacionais, às demandas da sociedade globalizada e contemporânea e às demandas da consolidação de uma educação de qualidade para todos. Como vemos, a tarefa é árdua e desafiante.

Do ponto de vista das normativas, é imprescindível que tenha conhecimento aprofundado sobre diferentes aspectos, dentre os quais se destacam a Constituição Federal e Constituição Estadual, a LDB, as Diretrizes Curriculares Nacionais (especialmente dos segmentos em que atua diretamente), o Estatuto da Criança e do Adolescente, a Legislação Municipal ou Estadual.

Uma das características que mais merece destaque em relação ao diretor escolar é a capacidade de se articular bem diante de diferentes cenários e estar à frente das decisões administrativas e pedagógicas, liderando de maneira humana, porém firme para que as leis sejam cumpridas em sua essência. Ao nos referirmos a essa articulação, vislumbramos a capacidade e o esforço de intermediar os acontecimentos, considerando diferentes perspectivas dos envolvidos em cada situação do universo escolar. Traquejo social é imprescindível aos gestores escolares.

É fato incontestável, que as responsabilidades de um administrador escolar requerem uma capacidade de planejamento efetiva, em diferentes setores da escola. Isso envolve desde o reconhecimento das competências e funções de todos os colaboradores, até a ciência dos objetivos da aprendizagem e do ensino. Todas as suas inúmeras funções devem articular ética, solidariedade imparcial e democracia. Cada uma de suas escolhas, sejam pedagógicas ou administrativas, devem emergir de um planejamento bem estruturado.

A previsibilidade de futuro é também uma característica importante para o diretor escolar, que com visão sistêmica deve enxergar não apenas o que está acontecendo na instituição onde atua, mas também na educação e na sociedade como um todo, pois acontecimentos externos, impactam diretamente o ambiente educacional, cujo objetivo principal não pode se esvair: o ensino de qualidade para todos.

Além de assumir assuntos e articulações ligados aos assuntos pedagógicos e metodologias de ensino, o diretor precisa promover também o pensamento crítico em sua gestão e, a partir dele, a reflexão sobre cidadania. Cabe a ele também, envolver a comunidade escolar para fins avaliativos e reflexivos para que se evidenciem demandas e sejam traçadas estratégias de solução a partir da visão da coletividade diretamente envolvida (pais, alunos e professores). É nesse contexto que os Conselhos de Classe assumem suas funções e vislumbram progressões e demandas ainda pendentes, as quais ao serem evidenciadas, envolvem diretamente o gestor no sentido de criar, executar e supervisionar ações para saná-las.

Estabelecer e promover um bom vínculo profissional entre todos da comunidade escolar a fim de se garantir uma gestão democrática e participativa, também é uma das responsabilidades do diretor e nesse quesito, considerando as singularidades dos indivíduos, podemos imaginar quão árdua seja essa tarefa. De qualquer forma, este profissional precisa articular ações entre todos para que haja progressos efetivos no processo de ensino e aprendizagem. Há significativas evidências que indicam que um dos principais fatores que promovem o sucesso de uma escola é a competência do gestor, que assume sua liderança mantendo a equipe focada e motivada para cumprir com maestria seu papel frente à sociedade.

Cabe também ao diretor escolar o compromisso em buscar inovações que otimizem o crescimento contínuo da escola, pois afinal, vivemos em uma era de mudanças rápidas que exigem novas articulações que coloquem os estudantes no papel de protagonistas de suas aprendizagens. Não cabe mais nos dias atuais, um ensino tradicional, pautado apenas na transmissão de conhecimentos, e essa mudança de paradigma, passa sem dúvida pelos gestores escolares, para que se façam valer o pensamento criativo, a análise contextualizada de informações, a livre expressão, a tomada de decisões e o desenvolvimento da cidadania democrática.

Ao pensarmos na sociedade atual a partir do aspecto econômico, marcado pelo conhecimento das mais distintas áreas, percebemos claramente a intensa dinâmica social, que acontece nas unidades escolares, que enfrentam cotidianamente o desafio de reinventarem-se e qualificarem suas competências de forma ampla e contínua. Como representante legal da escola, o diretor é impactado diretamente, no sentido de responder aos novos desafios e exigências para formar cidadãos capazes de enfrentar esses desafios e superá-los com base em princípios democráticos.

Nesta perspectiva, à frente das dinâmicas das interações que se concretizam no âmbito escolar, o diretor assume a responsabilidade de organizar e articular ações e materiais necessários que favoreçam avanços positivos nos processos socioeducacionais da escola. Ao mesmo tempo e no mesmo patamar de importância, é da alçada do diretor, com base na democracia, enfrentar e superar situações dicotômicas entre seu discurso e sua prática. Para tanto, deve manter sempre uma relação dialética com professores, coordenadores, alunos e famílias, para garantir boas práticas organizacionais. Para isso, estabelecer um vínculo efetivo com o trabalho pedagógico, é de suma importância para uma gestão eficaz.

É evidente que o diretor escolar é um importante gestor de uma engrenagem social. Metaforicamente, seria ele o maestro de uma grande orquestra, regendo pessoas em suas distintas funções, afinando ações, modulando ações, criando novas possibilidades e estabelecendo parcerias produtivas para a conquista por uma sonoridade repleta de detalhes e articulações.

Para que haja harmonia nessa "orquestra", cercar-se de pessoas capacitadas e com diferentes saberes, é sem dúvida, uma habilidade importante para os gestores. Com tantas demandas, o diretor precisa contar com uma equipe de apoio, tão engajada quanto ele e ciente dos objetivos a serem atingidos. O diretor, enquanto líder, tem como missão, motivar sua equipe de forma a deixar explícito a importância de cada membro no cotidiano escolar. Com a apropriação do sentimento de pertencimento, professores, pessoal administrativo, coordenadores, se tornam colaboradores potentes e propiciam o bom funcionamento da escola em seus diferentes setores.

O conhecimento das diferentes dimensões da gestão escolar é basilar aos diretores, assim como é seu dever colocá-las em prática de maneira integrada. A saber, são elas:

- Dimensão Organizacional, que abarca os fundamentos e os princípios da educação e da gestão escolar de forma geral; o planejamento e a organização dos trabalhos desenvolvidos na escola; o acompanhamento dos processos e avaliações institucionais; a gestão dos resultados obtidos.
- Dimensão de implementação, diretamente ligada a resultados imbricados nos pilares da gestão democrática e participativa; gestão de pessoas; gestão pedagógica; gestão administrativa; gestões da cultura escolar; gestão do cotidiano escolar.

Como exposto até aqui, as funções de um diretor escolar, em todas as dimensões, são bastante robustas e estão diretamente ligadas tanto ao setor pedagógico da instituição, quanto ao âmbito administrativo. Diante de tantas responsabilidades, o responsável pela gestão escolar, precisa ter inúmeras habilidades para que seu papel seja devidamente executado.

Perante as demandas pedagógicas, o diretor está à frente da atualização do Regimento Escolar e da revisão do Projeto Político Pedagógico, o chamado PPP. Para esse quesito, é fundamental que articule e conclame pela participação efetiva de sua equipe docente, discente, administrativa e comunidade escolar, representada pelas famílias. A elaboração do calendário escolar, contemplando atividades curriculares, extracurriculares, dias letivos, feriados e emendas, também passam por seu crivo enquanto gestor. Além disso, em relação às suas funções pedagógicas, o diretor deve envolver-se direta e ativamente com os processos de avaliação e desempenho da equipe técnica pedagógica e do corpo docente, elaborar e supervisionar planejamentos pedagógicos de ordem anual e trimestral, acompanhar as atividades acadêmicas, dando-lhes o suporte necessário e analisar criteriosamente a escolha de materiais didáticos compatíveis com a dinâmica escolar e a Base Nacional Comum Curricular – BNCC, para que se cumpram as aprendizagens efetivas do corpo discente.

Ligado diretamente à parte administrativa da unidade escolar onde atua, o diretor deve assumir com maestria, a supervisão e a orientação quanto ao zelo pelo patrimônio escolar e garantir relações interpessoais saudáveis para que toda a engrenagem escolar, se movimente de maneira harmoniosa e produtiva.

Para que a escola funcione em caráter de excelência, diante das demandas de diferentes ordens, a habilidade de planejamento do diretor escolar, precisa ser aflorada constantemente, traçando objetivos claros e colocando ações em prática. Nessa perspectiva, cabe a ele priorizar determinadas demandas em detrimento temporário às outras e, como líder, deverá estar preparado e aberto para receber e acolher, sugestões e críticas, tirando delas a possibilidade constante de replanejar e aprimorar as ações dentro da escola.

Há de se dar ênfase à sua habilidade comunicativa dinâmica para com todos os envolvidos na engrenagem escolar, considerando, articulando e acolhendo opiniões distintas acerca das demandas da escola. Espera-se desse profissional, a transmissão coerente das comunicações internas e externas, a articulação clara e precisa entre os diferentes setores da escola, a escuta ativa e o respeito para com todos, mesmo quando as incongruências sejam evidenciadas.

A busca por maneiras criativas para solucionar determinados problemas, também são esperadas desse profissional, pois nem sempre as soluções serão técnicas e nem mesmo imediatas. Obviamente, diante de situações que demandem esse "jogo de cintura" o diretor não deverá perder de vista a qualidade pedagógica ou administrativa. Para tanto, o gestor precisa ser flexível quanto ao uso de inovações no campo pedagógico e tecnológico. Atualmente, é inegável que o gerenciamento escolar precise ter uma perspectiva macro, alicerçada na versatilidade, no aprimoramento constante e na abertura diante de inovações que possam impulsionar aprendizagens, tendo os alunos como participantes ativos em todo o processo. Pensando nesse contexto, é responsabilidade do gestor escolar explorar esse caminho para as dinâmicas inovadoras, por meio de debates, escolhas coletivas e tomadas de decisão que correspondam com as demandas da sociedade contemporânea.

É inegável que os diretores das unidades escolares sejam vistos como líderes do trabalho educacional. Da mesma forma, sabemos que parte de suas responsabilidades não possa ser delegada na íntegra a outros colaboradores, sem que ele possa acompanhar. Porém, também é notório o quão beneficiada é a engrenagem escolar quando as responsabilidades são compartilhadas, pois dessa forma, o sentimento de pertencimento se estabelece e gera uma corresponsabilidade quanto aos resultados almejados pelas instituições de ensino.

O trabalho do diretor escolar se dá em palcos de encontros e desencontros, conflitos, desafios e realizações. Uma complexidade de demandas que requerem deste profissional um esforço imensurável e muita habilidade para o manejo das relações interpessoais. Com tantas responsabilidades a cumprir, o que vemos com certa frequência é o seu afastamento diante de alguns princípios importantes de seu cargo, dentre os quais destacamos, o diálogo e a participação colaborativa de todos os envolvidos no contexto escolar. É de fato, um grande desafio dar conta de todas as frentes escolares, recriando e criando sentidos para as relações humanas que ali se constituem.

Para qualificar o trabalho sem que haja sobrecarga demasiada, o diretor precisa ser hábil no sentido de buscar parcerias produtivas, com as quais possa dividir as responsabilidades que emergem dentro da escola. Podemos evidenciar aqui, o importante papel dos vice-diretores e dos coordenadores pedagógicos. Para melhor compreensão da funcionalidade dessa parceria de apoio, vejamos os capítulos a seguir.

O COTIDIANO DO DIRETOR ESCOLAR

Como citado teoricamente, é nítido que as atribuições do diretor escolar sejam inúmeras. Aqui, traremos algumas situações práticas de seu cotidiano, com intuito de exemplificar a junção entre teoria e prática. Entendemos ser fundamental que o diretor seja um grande conhecedor das normativas que regem o universo escolar, porém como articulá-las com as demandas do dia a dia, tem uma abrangência muito mais complexa, pois envolve relações humanas de diferentes ordens.

Com jornada de trabalho semanal, normalmente de 40 horas, o cotidiano do diretor abarca não apenas o trabalho de ordem interna e as inúmeras demandas administrativas e pedagógicas da unidade escolar, mas, além disso, o comparecimento às reuniões junto às diretorias de ensino, contato direto com palestrantes, participação em seminários e congressos, atualização constante das normativas educacionais e muita dedicação para que a engrenagem escolar se movimente com solidez e robustez pedagógica. Diante de tantas obrigações, é bastante comum, nos depararmos com o engajamento desse profissional para além de sua jornada normal de trabalho.

A seguir, pontuaremos alguns exemplos da prática cotidiana dos diretores escolares.

O engajamento da comunidade estudantil no universo esportivo e cultural é uma das preocupações dos diretores. Assim, a instituição de um grêmio estudantil que planeje atividades culturais, esportivas e sociais, potencializará os espaços escolares. Cabe ao diretor, organizar reuniões, disponibilizar espaços e participar ativamente desse processo.

Outras práticas cotidianas são abaixo descritas:

- Monitoramento das aprendizagens por meio de instrumentos próprios ou institucionais – os afazeres da direção escolar devem englobar o acompanhamento do desenvolvimento acadêmico dos educandos. Para tanto, algumas estratégias são eficazes, tais como verificação dos planejamentos de aulas, de forma sistemática ou pontual, fazendo intervenções que garantam a metodologia assumida pela escola; verificação dos resultados das avaliações e intervenção para garantir a continuidade de processos e progressos; participação direta nas reuniões de conselho de classe.

- Realização de reuniões pedagógicas, com regularidade, voltadas à formação continuada dos docentes – o planejamento das pautas precisa partir das demandas apontadas pelos professores ou percebidas pelo próprio diretor.

- Elaboração do calendário escolar, de forma a garantir os 200 dias letivos – após a definição do calendário, o diretor deve encaminhá-lo para a homologação junto à Diretoria de Ensino e de imediato, deve divulgá-lo ao corpo docente, ao setor administrativo e às famílias.

- Mobilização de uma equipe colaborativa, por meio de contato direto com cada setor da escola e por meio de reuniões com pautas específicas que visem o bem comum.

- Gestão de recursos financeiros – cabe ao diretor, averiguar as reais necessidades da escola e gerir os recursos financeiros disponíveis.

- Atendimento aos pais – sempre que necessário, o diretor se fará presente junto às famílias, ponderando situações de aprendizado, divergências comportamentais dos alunos, entre outras situações.

- Elaboração de uma grade de atendimentos às equipes que compõem a escola, de modo a sempre garantir o contato com todos e, dessa forma, ter uma visão sistêmica da instituição. Exemplo:

SEMANALMENTE				
SEGUN-DA	**TERÇA**	**QUAR-TA**	**QUIN-TA**	**SEXTA**
Ma-nhã	Reunião com Coordenação Pedagógica	Atendimento às famílias	Verificação de resultados acadêmicos	Verificação de demandas administrativas e financeiras	Atendimento aos professores
Tarde	Reunião com Equipe Administrativa	Atendimento às famílias	Reunião com Grêmio Estudantil	Atendimento às famílias	Atendimento às famílias
QUINZENALMENTE				
19h				Reunião Pedagógica

Além disso, no cotidiano escolar, o diretor tem a incumbência de motivar a realização dos projetos e atividades escolares. Vamos supor que uma das turmas esteja mostrando interesse sobre a vida marinha. Em diálogo com os professores e a coordenação pedagógica, o diretor entende o processo, articula possibilidades de parcerias, disponibiliza espaços e tempo para ampliação da pesquisa e viabiliza recursos para um estudo de meio. Nesse exemplo, percebe-se o quão fundamental é ter o diretor escolar engajado diretamente nos processos de aprendizagem e não apenas nas funções de ordem burocrática.

De forma minimalista, esses são alguns exemplos da prática cotidiana dos diretores escolares, considerando as inúmeras e diferentes frentes nas quais atua. Sem sombra de dúvidas, é uma função com atribuições multifatoriais e complexas em sua maioria.

CAPÍTULO V

A Gestão Escolar na Figura do Vice-Diretor

Em primeiro lugar, ressaltamos a importância da relação de confiança mútua entre o diretor e seu vice. Além disso, a visão de educação de ambos, deve ser congruente, para que os posicionamentos de cada um em relação aos objetivos da escola, tragam ao corpo docente e discente, um clima harmônico e produtivo. Para tanto, mais uma vez, o diálogo constante e a escuta ativa são fundamentais.

Por vezes, o vice-diretor é nomeado e por outras é escolhido pelo próprio diretor, no sentido de ser seu braço direito nos afazeres da escola. Salientamos que não basta ser alguém de confiança, mas também a escolha deve passar pelo crivo da competência para assumir muitas responsabilidades, imbricadas no cargo. Destacamos nesse quesito a experiência robusta como docente, uma boa formação acadêmica, preferencialmente com especialização em gestão, habilidade em realizar planejamentos de maneira organizada, espírito de liderança aliado a cuidados com as relações interpessoais, conhecimento da rotina escolar e suas reais demandas, habilidade em gerir gastos e recursos disponíveis para o funcionamento da escola.

Ao lidar diretamente com os professores e com os alunos, o vice-diretor, da mesma forma que o diretor, é um articulador de processos dentro da instituição escolar. Espera-se que ele seja hábil no acompanhamento de ausências e substituições dos professores, que acompanhe a frequência do corpo discente, que colabore para a formação continuada dos professores, que estabeleça contato direto, produtivo e respeitoso com as famílias dos educandos, visando solucionar demandadas de ordem social ou pedagógica, que zele pelo patrimônio escolar e que assuma as responsabilidades da escola na ausência do diretor.

O vice-diretor escolar, por vezes é também chamado de assistente de direção, diretor adjunto ou diretor substituto. Na rede pública o cargo é consolidado e dependendo do número de educandos da instituição, há variação de quantidade de vice-diretores, de forma que em todos os turnos de funcionamento da escola, haja a presença de um gestor responsável. Já na escola privada, nem sempre há a figura desse profissional e suas funções normalmente são atribuídas ao coordenador pedagógico, ou mesmo são assumidas pelo próprio diretor, acarretando-lhe nesse caso, uma sobrecarga maior das demandas da instituição escolar.

Para garantir o bom funcionamento da escola, é importante que o cargo de vice-direção seja ocupado por um profissional ativo e dinâmico. Não é com certeza, um cargo de gabinete, que só desempenhe funções de ordem burocrática.

Da mesma forma que a parceria entre o diretor e seu vice é de extrema importância, o mesmo se pode dizer de sua parceria com os coordenadores pedagógicos, dando-lhes suporte técnico e pedagógico, frente à todas as demandas do cotidiano escolar.

De seu perfil, espera-se que seja democrático e que fomente verdadeiramente práticas coletivas e de corresponsabilidade por parte de todos os envolvidos no universo escolar. Assim como o diretor escolar, o vice-diretor precisa entender que a gestão escolar, sem sombra de dúvida, implica em demandas de ordem social, política, emocional, imbricadas na engrenagem educacional.

É importantíssimo que conheça seu real papel e a relevância de suas atribuições. No mesmo patamar de importância está o investimento constante em sua formação continuada e o esforço em manter-se sintonizado com a gestão na figura do diretor e com as demandas que envolvem a escola como um todo.

É importante lembrarmos que uma escola bem gerida é aquela que cria condições relacionais, acadêmicas, organizacionais e operacionais que garantam desempenho qualitativo e satisfatório por parte dos educadores e, consequentemente às aprendizagens que ocorrem no âmbito escolar.

A gestão escolar democrática prevê o compartilhamento de poder, atrelado à tomada de decisões de forma coletiva e nessa perspectiva, o vice-diretor é claramente um grande aliado da escola, para que resultados satisfatórios sejam alcançados, a partir de sua participação efetiva e contínua no cotidiano escolar. Sua participação é entendida e consolidada em sua atuação em conjunto com a direção da escola, englobando poder decisório, elaboração e execução de propostas que visem o bem comum.

Fica evidente que, tanto o papel da direção escolar, quanto da vice-direção seja o de impulsionar uma organização (no caso a escolar), a atingir seus objetivos, cumprir sua função, desempenhar seu papel histórico, social e político (FERREIRA, 2006). A ação conjunta desses profissionais, juntamente com professores, demais colaboradores administrativos, alunos e comunidade escolar, será o alicerce das práticas participativas do universo escolar, pois afinal, não se concebe mais a ideia de gestão centralizadora e autoritária. O poder descentralizado e compartilhado gera corresponsabilidades para que se conquistem os objetivos educativos e de interesse comum.

Em compatibilidade com o trabalho do diretor, o vice-diretor lida de modo direto com a infusão de atitudes e culturas de todos os sujeitos envolvidos no contexto escolar, sejam eles alunos, professores, equipe administrativa ou famílias. Para que haja um verdadeiro alinhamento no sentido de validar ações participativas e colaborativas por parte de todos, seu papel jamais poderá ser focado apenas na função administrativa, pois é fundamental que em sua essência, continue a transbordar a figura de educador comprometido com a educação de qualidade que certamente se desenvolve nas e pelas relações com os pares, sejam eles de qualquer setor.

Vale ressaltar que os gestores, sejam eles titulares ou vices, são antes de tudo, seres constituídos a partir de suas próprias historicidades e de sua formação acadêmica. Dessa maneira, empatia, robustez de arcabouço teórico e prático, liderança positiva e conhecimento das normativas que regem a engrenagem escolar, são valores indissociáveis aos gestores escolares. Suas ações não podem ser parciais e muito menos neutras, pois impactam diretamente os pilares éticos, políticos e pedagógicos da escola. Bons líderes da engrenagem escolar devem ter a consciência de seus papéis enquanto atores de processos decisórios escolares, mas que extrapolam os muros da instituição em si, formando cidadãos capazes de refletir e se posicionar para que a democracia do país seja realmente levada em consideração em todos os âmbitos da sociedade.

O COTIDIANO DO VICE-DIRETOR

Como vimos, o trabalho do vice-diretor está diretamente atrelado ao diretor escolar. Dessa forma, a sinergia entre eles é o primeiro e mais importante investimento no cotidiano de ambos. Os dois profissionais precisam compartilhar ideais e visões sobre a Educação. Se essa premissa não for verdadeira, certamente o caos se instalará na instituição escolar.

Suas atribuições são parecidas com as do diretor e é bastante comum, que na ausência deste, o vice assuma as responsabilidades expressas no capítulo anterior. A seguir, alguns exemplos da prática desse importante ator do cenário educacional:

- Quando há faltas por parte do corpo docente, sejam elas pontuais ou por licenças mais prolongadas, o vice se encarrega de fazer as tratativas para as substituições, cabendo a ele também o acompanhamento da continuidade qualitativa do processo ensino x aprendizagem.
- Diante do planejamento de reuniões com objetivo de formação continuada do corpo docente, normalmente esse profissional está na linha de frente de toda a logística.
- O contato com as famílias dos educandos, também faz parte de suas atribuições. Vale lembrar, que existem casos mais polêmicos, que envolvem questões disciplinares, cognitivas, que envolvem muitas vezes desajustes familiares e, nesses casos, a autoridade do vice ou do diretor são fundamentais para que se busquem as melhores soluções.

- Do ponto de vista burocrático e administrativo, esse profissional atua na fiscalização da manutenção do prédio escolar e no andamento de toda logística organizacional da escola. As questões de segurança do prédio escolar, certamente fazem parte das preocupações do vice-diretor.

CAPÍTULO VI

A Gestão Escolar na Figura do Coordenador Pedagógico

Conforme foi dito no capítulo anterior, o diretor escolar a fim de cumprir com suas muitas obrigações e de estruturar a escola de acordo com os princípios normativos de uma gestão democrática, necessita ter consigo, uma equipe de apoio engajada. O coordenador pedagógico é um grande aliado nesse processo e faz parte da gestão pedagógica. Sendo assim, uma relação interpessoal harmoniosa e ética com a direção da escola é fundamental para os alinhamentos de toda ordem.

Com atribuições também bastante amplas, o coordenador acessa diretamente as questões ligadas ao diretor, aos professores e ao corpo discente. A visão de gestão democrática é sem dúvida um valor esperado em relação a sua atuação.

Piletti (1998) nos traz importantes reflexões sobre o coordenador pedagógico, na perspectiva de ser ele um assessor permanente contínuo ao trabalho dos professores. O autor aponta algumas frentes do trabalho desse profissional: o acompanhamento de planejamentos e práticas dos docentes; a supervisão dos processos avaliativos; o engajamento para que a formação continuada dos professores seja efetiva e atualizada; a elaboração e a liderança de reuniões com a comunidade escolar; a busca por soluções dos problemas de aprendizagem; o estímulo à equipe pedagógica para que se conquistem os melhores resultados acadêmicos. Corroboramos com o autor, porém sabemos que as atribuições são muito maiores e envolvem o trato com os alunos, o atendimento às famílias para apresentar resultados, a busca por soluções e alinhamentos, o encaminhamento a especialistas em casos de necessidades pontuais de determinados educandos, o estabelecimento de parceria com terapeutas multidisciplinares que atuam junto a alguns alunos, o conhecimento acerca de todas as normativas e documentações pertinentes ao universo escolar.

Rangel (2008) nos traz a perspectiva de coordenar enquanto organizar, prever e prover momentos, estratégias, instrumentos e recursos para que se estruturem de maneira integrada, todos os trabalhos realizados na escola. Corroborando com a autora, entendemos que a coordenação pedagógica tem uma ligação com todos os profissionais que atuam nas escolas. É esperado que seu trabalho enquanto articulador de processos e diálogos, normalmente se desenvolva em parceria e apoio à direção da escola.

Diante das muitas atribuições que recaem sobre o cargo de coordenação pedagógica, destacamos a mediação entre todos os sujeitos que atuam no cenário escolar, os alunos e suas respectivas famílias. Para mediar e propor ações democráticas e concisas de acordo com as demandas da unidade escolar e da educação de qualidade para todos, o coordenador precisa manter uma postura criativa, segura, empática, pesquisadora, organizada e engajada diante da rotina escolar como um todo.

A promoção da formação continuada também é uma de suas principais funções. Se na prática cotidiana, houver qualitativos diálogos com os professores acerca das questões pedagógicas, sua escuta atenta e apurada poderá facilitar a escolha por temáticas de formação contínua e, ao mesmo tempo, indicará percursos investigativos para auxiliar o corpo docente em sua prática pedagógica. O acompanhamento dos planejamentos realizados pelos professores faz parte também das atribuições da coordenação pedagógica.

Espera-se que a coordenação possa auxiliar diretamente os professores, orientando-os em suas práticas e em seus planejamentos. Os atendimentos com os professores precisam ter constância e podem acontecer individualmente ou por grupos. Dessa maneira, a compreensão dos problemas, sejam eles em relação ao aprendizado dos alunos ou às questões organizacionais, será mais efetiva.

Estar próximo aos alunos no cotidiano escolar, conhecendo o modo com que aprendem a aprender e aprendem a ser, também potencializará as intervenções necessárias. A relação coordenação x alunos, precisa ser respeitosa, dialógica e democrática, sem perder de vista os direitos e os deveres, tanto no que tange o aprendizado, quanto ao que se refere às relações interpessoais e sociais. Junto aos professores e por meio de uma visão holística, o coordenador deve detectar possíveis dificuldades de aprendizagens, problemas derivados de estruturas cognitivas, emocionais, ou até mesmo relacionadas às questões metodológicas e, diante delas, buscar soluções diretas ou indiretas. A clareza sobre as peculiaridades etárias com as quais trabalha, é sem sombra de dúvidas extremamente importante. Da mesma forma, o amplo conhecimento acerca do currículo em que se estrutura cada segmento, fará diferença positiva em suas abordagens interventivas para auxiliar os educandos em seus estudos.

No caso de haver alunos com necessidades especiais, cabe também ao coordenador, o conhecimento sobre as normativas que regem a educação inclusiva e a articulação pedagógica para que se garanta o ensino de qualidade para todos, com fundamentação nos princípios de equidade. Os encaminhamentos a especialistas, para avaliação ou acompanhamento terapêutico e o contato com os mesmos para alinhamento de práticas que favoreçam o aluno em questão, passam pelo crivo direto da coordenação.

Em relação ao atendimento às famílias, o coordenador assume normalmente a linha de frente, preferencialmente respaldado pelo diretor da escola. Nesses contatos que podem ser feitos por solicitação da própria escola ou da família, a transparência deve ser a chave mestra dos diálogos. É muito importante que o coordenador tenha a clareza do papel da escola e o da família, porém a cordialidade e a empatia certamente, precisam permear os diálogos para que se estabeleça uma relação de confiança. Mais uma vez, o poder da escuta ativa é um valor importante aos profissionais que se dedicam à coordenação pedagógica. De igual importância é o perfil ético, para buscar junto às famílias as melhores soluções para demandas específicas e para buscar democraticamente a imersão delas no contexto escolar, considerando a comunidade escolar como participante ativa dos processos de ensino e aprendizagem.

A experiência de longos anos de atuação como coordenadora pedagógica da autora que vos fala, constatou que muitas vezes, a família também se sente perdida quanto à educação dos filhos e às melhores formas de envolvê-los no contexto escolar. Em muitas e incontáveis situações, os pais ou responsáveis, precisam somente ser ouvidos. Quando essa relação entre família e escola é alicerçada sob os princípios de parceria, com cada qual respeitando e cumprindo seus respectivos papéis, o maior beneficiado, certamente é o aluno.

Normalmente, por conta de suas atribuições serem atreladas ao "corpo a corpo" do cotidiano escolar, a figura do coordenador, muitas vezes fica atrelada a metáforas como "o bombeiro" ou "o faz tudo". Isso, não deixa de ser verdade, porém, há de se tomar cuidado para que seu papel não seja minimizado e descaracterizado. É válido refletir sobre o referencial atributivo do coordenador, que mesmo envolvido nas demandas cotidianas da escola, abarca princípios de orientação, de articulação de saberes e de promoção de formação continuada.

Para melhor compreensão sobre o papel do coordenador, re-corremos à historicidade de sua constituição. Em meado de 1960 sua função foi concebida nas escolas vocacionais e experimentais, com objetivo de dar ao professor, suportes técnicos. Uma década depois, as escolas profissionalizantes de 2º grau, inclusive os Centros de Formação e Aperfeiçoamento para o Magistério, passaram a ter a figura do coordenador. Em 1990 foi introduzido nas chamadas Escolas Padrão, mesclando atribuições técnicas e pedagógicas. Essa mescla entre atribuições técnicas, burocráticas e pedagógicas, ainda perdura nos dias atuais e, por vezes, coloca o coordenador na fatídica posição do "faz tudo" no universo escolar. É obvio que estar o mais próximo possível das demandas da escola é fundamental tanto para a função de direção, quanto de coordenação pedagógica, porém a cla-reza de papéis é da mesma forma importante, para que suas práticas não se tornem contraproducentes, por abarcarem em seus afazeres, uma abrangência exacerbada de demandas.

Para que o coordenador pedagógico não perca de vista o olhar docente, e a excelência dos aspectos pedagógicos, faz-se necessário imprimir um novo perfil profissional que delimite e especifique melhor, suas principais funções no âmbito escolar, sem deixar de lado a empatia e os princípios democráticos que o cargo prevê. Nesse sentido, de maneira concisa e fiel às demandas do cargo do coordenador, encontramos a contribuição de Fonseca (2001), ao apontar caminhos para ressignificar a função desse profissional. Para a referida autora: é fundamental resgatar a intencionalidade da ação possibilitando superar a crise de sentido; resgatar a potência da coletividade e fomentar esperança, solidariedade e empatia; possibilitar o trabalho coletivo unindo pessoas com interesses afins; diluir o caráter fragmentário das práticas em educação; propiciar a racionalização dos esforços e recursos em busca de excelência; superar práticas autoritárias e/ou individualistas; articular as práticas cotidianas e potencializar o grau de realização das pessoas envolvidas no contexto escolar. Enfim, acredita-se que a intencionalidade do trabalho do coordenador pedagógico precisa ter como foco a superação desses e de outros desafios.

Ao considerarmos a escola democrática como um espaço para a construção da autonomia e da cidadania, os processos de aprendizagens e as demandas que os envolvem, não podem ficar sob a responsabilidade apenas de um ou de outro profissional. Trata-se de uma responsabilidade coletiva, diante da qual o coordenador pedagógico assume o importante papel de articulador, cujo principal objetivo deva ser a construção de uma educação de qualidade, que abarque conhecimentos e valores humanísticos, a partir de reflexões críticas diante das dimensões do contexto político-social, econômico, cultural e ético.

Nesse contexto, o coordenador atua diretamente com as especificidades dos sujeitos, sejam eles alunos, professores ou comunidade escolar como um todo. Almeida (2001) corrobora com essa perspectiva do papel do coordenador pedagógico ao atrelar seu papel à mediação do saber fazer, saber ser e saber agir, para que se instalem propostas curriculares inovadoras e se se garantam ações de formação continuada, voltadas para o desenvolvimento de múltiplas dimensões.

Nessa linha de pensamento, o papel da coordenação pedagógica, atuante em qualquer modalidade de ensino, seja ela da rede pública ou privada, é o de articulador do Projeto Político Pedagógico, no sentido de organizar, fomentar avanços acadêmicos e sociais, além de promover a participação de todos nos diferentes processos de ensino e aprendizagem.

A discriminação das funções do coordenador pedagógico parece ser clara ao analisarmos documentos legais e diferentes estudos acadêmicos sobre essa temática, porém, tendo como referência, os apontamentos de Placco e Souza (2019), nos parece evidente que a prática, ainda seja na contemporaneidade, bem diferente, pois diante das inúmeras demandas do cotidiano escolar, o coordenador acaba sendo solicitado a assumir várias frentes de trabalho, desviando-se inevitavelmente de suas verdadeiras funções.

Mesmo ainda com necessidade de romper a dicotomia entre teoria e prática, para que as demandas cotidianas das diferentes e inúmeras dimensões do universo escolar não se sobreponham ao verdadeiro papel da coordenação pedagógica, é ela uma peça fundamental para que se estabeleça a integração de todos os envolvidos no processo ensino e aprendizagem para que se garanta uma educação verdadeiramente de qualidade. Antes de tudo, não se pode perder de vista que o coordenador pedagógico é essencialmente um educador e como tal deve estar atento ao caráter pedagógico das relações de aprendizagem no âmago da escola, por meio de práticas reflexivas no que tange os processos de aprendizagem organizativa, ao articular o trabalho dos diferentes sujeitos que atuam no cenário escolar e conectiva, no sentido de possibilitar a interligação democrática do papel dos atores envolvidos no contexto educativo.

Para finalizar este capítulo, não podemos deixar de enfatizar a importância de que o coordenador pedagógico tenha princípios marcados por valores éticos que possam garantir o ambiente democrático. Também deve ficar claro aos leitores, que o trabalho do coordenador pedagógico somente será consolidado efetivamente se houver respaldo da gestão na figura do diretor e reciprocidade por parte dos professores e da comunidade escolar. As articulações que são de competência do coordenador, só farão sentido se toda a engrenagem escolar for movimentada de forma harmônica e na direção da máxima maior que a educação de qualidade para todos.

O COTIDIANO DA COORDENAÇÃO PEDAGÓGICA

Muitas das atribuições citadas em relação ao vice-diretor, também competem ao coordenador pedagógico, principalmente quando não há na escola, a figura do vice-diretor. Destacamos que, na maioria das escolas, a atuação da coordenação está prevista para 40 horas semanais.

A relação direta com a direção é bastante evidente e, portanto, a sinergia de pensamentos e práticas entre ambos é fundamental para o bom funcionamento da escola. Costuma-se dizer que a coordenação pedagógica é um cargo de confiança do diretor e independentemente da forma de ascensão ao cargo, atua como um articulador entre as famílias, educadores e gestores.

O "corpo a corpo" com famílias, corpo docente e discente é algo que merece destaque ao falarmos da coordenação pedagógica. A função do coordenador está normalmente atrelada a uma imagem de liderança dentro da escola. Os exemplos a seguir, evidenciarão algumas das práticas desse profissional.

- Atendimento as famílias – se a escola é realmente pautada em princípios democráticos, o atendimento às famílias deve ser algo prioritário, para que realmente sejam compreendidas as demandas do processo ensino X aprendizagem. Torna-se bastante funcional o uso de uma agenda física ou virtual para que datas e horários possam ser combinados, porém não podemos desconsiderar as questões emergenciais, perante as quais a escuta por parte da coordenação, mobiliza ajustes que minimizam problemas de maior magnitude.
- Todos os atendimentos devem ter registros escritos e assinados pelos participantes. Tais registros fazem parte do processo de desenvolvimento individual de cada aluno (PDI)

e devem ficar arquivados, de forma a compor o histórico do estudante. Dessa forma, nos anos subsequentes, poderão ser revisitados para ciência da trajetória seguida até então. Vale mencionar que há atendimentos muito complexos desse percurso, com famílias desestruturadas, por discordâncias quanto às práticas da escola, por falta e colaboração. Podemos dizer que, na prática, cada atendimento é um novo desafio a ser vencido pela ética e pela segurança do coordenador nas abordagens que se façam necessárias.

- Encaminhamentos a especialistas – a coordenação precisa atuar de maneira próxima aos estudantes e aos professores. Com isso, a individualidade de cada aluno será melhor percebida e atendida. Nesse convívio, é bastante comum a percepção de questões que merecem investigações por parte de especialistas, com fonoaudiólogos, psicólogos, neurologistas, psicomotricistas, entre outros. O coordenador pedagógico é uma peça chave nesse processo, na observação primária dos casos, no suporte ao professor, na abordagem com as famílias e no acompanhamento de cada caso.

- O atendimento aos especialistas que se colocam em parceria com a escola, também fica sob responsabilidade da coordenação.

- Verificação de planejamentos – é de responsabilidade cotidiana desse profissional, a verificação minuciosa e rotineira do planejamento das ações pedagógicas que ocorrerão na escola, assim como o acompanhamento das práticas a partir dele. Sempre há um planejamento anual de cada componente curricular, no caso do Ensino Fundamental I, II e Ensino médio e de cada Campo de Experiência, no caso da Educação Infantil. Com base nos planos anuais, são feitos os planejamentos das aulas e das propostas a serem realizadas no decorrer de um determinado período (semanal, quinzenal, mensal), conforme a determinação de cada escola. Com esse acompanhamento, o coordenador passa a ter uma visão sistêmica da escola e se torna um grande aliado no processo ensino X aprendizagem.

- Ressaltamos que a devolutiva deve ser sempre pautada no respeito pela produção do professor e vinculada aos princípios norteadores da escola. Essa devolutiva precisa ser a mais imediata e colaborativa possível, para que realmente faça sentido.
- O acompanhamento das particularidades de cada aluno, é outra responsabilidade da coordenação pedagógica. Isso vale para atendimentos vinculados a questões comportamentais, emocionais e ligadas ao desempenho acadêmico. Eis aqui também, um desafio diário a ser vencido junto ao corpo docente que de maneira geral ocupa a linha de frente dessa relação e fornece ao coordenador elementos mais precisos a serem trabalhados.
- No cotidiano escolar, o coordenador é um importante aliado para a formação continuada dos docentes. Com base nas reais demandas e interesses de seus professores, deve fomentar a busca por novos saberes e articular a conexão entre teoria e prática. A busca por parcerias efetivas, palestras e cursos, passam sob seu crivo profissional.
- Sua participação efetiva, também se dá nos conselhos de classe e nas reuniões pedagógicas.

Funções de ordem burocrática são habitualmente atribuídas ao coordenador pedagógico, principalmente se a escola não tem pessoal específico para cada setor. Isso faz com que sua imagem fique ligada a uma perspectiva do "faz tudo". Se assim o for, alertamos que a qualidade de suas entregas poderá sofrer alterações negativas, pois seu foco na articulação de relações e processos, na formação continuada e transformadora, poderá ser desviado.

CAPÍTULO VII

O Orientador Educacional como Aliado da Gestão Escolar

O orientador educacional é um profissional considerado como grande aliado da equipe gestora. Seu cargo não é obrigatório em todas as escolas. Na rede pública municipal de São Paulo, o cargo não existe. Na rede estadual de São Paulo, essa figura também não existe, porém há um cargo compatível, conhecido como POC, que seria um professor orientador de convivência, além de um programa específico conhecido como Conviva SP – **Programa de Melhoria da Convivência e Proteção Escolar, que tem por objetivo que a escola** seja um ambiente de aprendizagem solidário, colaborativo, acolhedor e seguro, na busca da melhoria da aprendizagem. O Programa abrange projetos e ações articulados entre Convivência e Colaboração; Articulação Pedagógica e Psicossocial; Proteção e Saúde; Segurança Escolar.

Vemos o cargo de orientador educacional mais consolidado nas escolas da rede privada de ensino, mesmo assim, não sendo padrão em todas elas. Porém aquelas que têm em seu quadro este profissional, levam uma grande vantagem no que tange o desenvolvimento dos estudantes. Com atuação fora das salas de aula, o orientador educacional tem como base de seu trabalho, a busca constante por metodologias educacionais efetivas e adequadas, sejam elas em caráter de grupo ou em perspectivas individuais.

Outro destaque de seu cargo é o suporte dado aos professores e à coordenação pedagógica, além do apoio ao diretor escolar.

Espera-se que este profissional contribua de maneira robusta para o processo de formação dos alunos. Para isso seu contato com os educandos precisa ser próximo, empático e respeitoso, garantindo a compreensão do Ponto de vista atitudinal e da forma com que as aprendizagens se concretizam no processo de ensino e aprendizagem, para além do cumprimento da grade curricular em vigor.

Também é de fundamental importância que esse profissional esteja em constante busca por novas metodologias de ensino e suportes tecnológicos que possam ser implementados na instituição em que está inserido, considerando a evolução constante no cenário educacional e social, o que faz cair por terra a ideia de alunos passivos diante da oferta de informação transmitida por seus professores. O orientador educacional, nessa busca por adequações e ajustes metodológicos, precisa estar ciente das demandas da educação contemporânea e auxiliar no processo onde o professor assume o papel de mediador e o aluno passa a ser protagonista de seus aprendizados.

Podemos citar algumas tendências perante as quais o orientador educacional precisa voltar sua atenção a fim de promover avanços acadêmicos para o corpo discente e docente:

- Abordagem Socioemocional

  Relaciona-se ao desenvolvimento de competências e habilidades para além do fator cognitivo, levando em consideração o gerenciamento das próprias emoções do indivíduo no contexto social. Nesse processo, os educandos tendem a desenvolver identidades saudáveis, despertam em si valores de empatia e comprometimento social, além de terem a possibilidade de expandirem suas relações pessoais de forma solidária e mais democrática.

  O trabalho focado em projetos com abrangência interdisciplinar e alinhados às diretrizes da Base Nacional Comum Curricular com ênfase na livre expressão e na escuta respeitosa das singularidades das pessoas são ferramentas poderosas para o desenvolvimento socioemocional no âmbito escolar. A abordagem escolar pautada nesses preceitos favorece a equidade perante as aprendizagens que se concretizam nesse ambiente, de forma a garantir qualidade a todos, de acordo com o potencial individual de cada um. Para tanto, o orientador também deve conclamar a parceria entre família, comunidade e escola no sentido de expandir espaços com diferentes e qualificadas experiências de troca e de confiança. Se essa prática realmente permear os processos escolares, a possibilidade de afetar positivamente as aprendizagens cognitivas é bastante promissora.

- Metodologias Ativas

O trabalho baseado em projetos e na relação entre a **tecnologia** e a **educação** é a base das metodologias ativas e quanto a isso, o orientador educacional precisa ter bastante embasamento para dar sustentação ao processo.

Com base nessa abordagem, o professor passa a atuar como mediador das aprendizagens e os alunos passam a assumir o protagonismo do que aprendem e da forma com que aprendem. Isso implica em planejamentos flexíveis, porém muito bem estruturados para que os educandos sejam constantemente provocados a pensar, a pesquisar acerca de suas curiosidades para além do empírico e a buscar pelo conhecimento sistematizado por meio de diferentes contextos investigativos. Nessa perspectiva, vemos vertentes importantes a serem disponibilizadas como acesso a vídeos, *e-books* e outros materiais online; apresentação de situações problemas a serem investigados em artigos científicos, documentários; disponibilização antecipada do conteúdo das aulas, para que o aluno se aproprie das temáticas e também possa levantar dúvidas previamente; uso de games compatíveis com as temáticas de estudo, trabalhos em pares ou grupos produtivos. O orientador educacional, em parceria com a coordenação pedagógica e a direção da escola devem crer nos benefícios que poderão surgir com a implementação das metodologias ativas e para que se consolidem, precisam compreender profundamente a abordagem e propiciar práticas compatíveis com a metodologia no ambiente escolar.

Entre os benefícios, vemos claramente a possibilidade de avanços na autonomia e confiança dos educandos em seus processos de estudos, a imersão em pesquisas por meio de diferentes canais, como livros, vídeos, experimentos e a facilidade em percorrer diferentes caminhos para a resolução de problemas. Dessa maneira as demandas da educação contemporânea são atendidas de maneira mais eficaz.

- Base de estudo vinculada aos Objetivos de Desenvolvimento Sustentável (ODS).

  Não há como falar de metodologias ativas, sem considerar os objetivos integrados de ordem social e ambiental, expressos nas diretrizes dos ODS, definidos pelas Nações Unidas. Cabe também à equipe gestora e em especial ao orientador educacional, ter um vasto conhecimento a respeito, para que possa propiciar reflexões e ações compatíveis com o comprometimento frente as questões ligadas à sustentabilidade do planeta, o que engloba erradicação da pobreza, emprego digno e crescimento econômico, indústria, inovação e infraestrutura, redução das desigualdades, consumo e produção responsáveis.

- Ensino Bilíngue

  A busca pela implementação de um programa bilíngue na unidade escolar, é uma demanda importante do orientador educacional, no que tange as metodologias ativas, considerando que o contato com uma segunda língua, contribui para a amplitude de conhecimento de mundo e de diferentes culturas, ao mesmo tempo em que qualifica o ensino e dá maiores possibilidades de imersão qualitativa dos educandos no mundo social globalizado.

Fica evidente que o papel de um orientador educacional está sustentado na reflexão, no planejamento e no monitoramento das metodologias que transcorrem no universo escolar e impactam diretamente as aprendizagens de seus educandos. Nesse sentido, competência acadêmica e proatividade são valores indissociáveis a este profissional.

O ORIENTADOR EDUCACIONAL NA PRÁTICA

O Orientador Educacional (OE) trabalha em conjunto com várias esferas sociais buscando a formação integral do estudante. Para tanto, é fundamental que conheça a realidade na qual está inserida a escola, e principalmente a realidade dos estudantes, levando em consideração suas características e vivências. Sua presença direta junto aos estudantes é um facilitador para o conhecimento das individualidades e necessidades da escola e dos alunos.

Não é rara a ocorrência de casos de indisciplina, desinteresse e conflitos familiares, que atingem diretamente o percurso acadêmico dos alunos. Diante deles, a ação do Orientador Educacional é de grande valia. Por meio do diálogo, ele pode promover melhorias na convivência dentro e fora da escola, descobrindo novos métodos para auxiliar nas dificuldades dos estudantes. É o chamado "trabalho de formiguinha", até que compreenda os verdadeiros contextos de cada situação e possa sinalizar caminhos efetivos para percorrer.

O cotidiano escolar do Orientador Educacional é pautado por:
- Organização e atualização constante dos registros de atendimentos com o alunado;
- Participação direta na elaboração e na revisitação constante do Projeto Político Pedagógico;
- Cooperação na elaboração, execução e avaliação das ações organizacionais e pedagógicas realizadas na escola;
- Busca por solução dos problemas discentes com apoio do corpo docente;
- Contato com as famílias dos educandos;
- Proteção sigilosa dos dados individuais e familiares que vier a ter conhecimento;
- Fomento de vínculos saudáveis entre a escola e a comunidade;

- Encaminhamento de casos ao Conselho Tutelar, quando necessário;
- Participação na composição, caracterização e acompanhamento de turmas e grupos;
- Acompanhamento da assiduidade, pontualidade e saúde dos alunos;
- Coordenação do processo de sondagem de interesses, aptidões e habilidades de cada aluno, por meio de diagnósticos realizados;
- Encaminhamento dos alunos a especialistas, quando necessário.

Enfim, a figura do Orientador Educacional representa um forte elo entre as famílias, os alunos e a escola.

CAPÍTULO VIII

Os Pilares da Gestão Escolar

Depois de compreendermos a gestão escolar enquanto forma de administrar a escola como um todo, de maneira a integrar o corpo docente, discente e a comunidade educativa e de aplicar as melhores estratégias para garantir melhorias significativas ao ensino de qualidade para todos destinando adequadamente os recursos financeiros e materiais, passaremos a explanar sobre alguns dos principais pilares que fundamentam a gestão escolar democrática.

Antes de esmiuçarmos cada um desses pilares, é essencial retomarmos os conceitos de gestão educacional e de gestão escolar. A primeira, diz respeito às normativas governamentais que regem as diversas atividades das instituições de ensino e abarca a organização dos sistemas de ensino do setor público federal, estadual e municipal e também do setor privado. Por outro lado, embora relacionada diretamente à gestão educacional, temos a gestão escolar, que envolve além das normas, a infraestrutura, as questões financeiras, a captação de alunos, a comunicação com a comunidade escolar, o projeto político pedagógico e o relacionamento com a comunidade escolar.

É importantíssimo que o gestor escolar entenda na íntegra sobre as reais necessidades de cada um dos setores da escola e busque supri-las da melhor forma possível, garantindo sintonia e coerência para o alinhamento da engrenagem escolar. Para que tal articulação obtenha êxito, manter a equipe motivada e engajada, certamente é um norte a ser seguido pelos gestores.

Devemos ter em mente, que o gestor escolar é em primeiro lugar, um educador que está à frente da organização escolar, assumindo a responsabilidade do sucesso da escola desde sua infraestrutura, passeando por demais setores que envolvem captação de alunos, abordagem curricular, capacitação profissional e manutenção de serviços essenciais, entre muitos outros.

Sua postura de líder democrático contribuirá para a criação de um ambiente propício ao desenvolvimento das habilidades de cada um dos membros envolvidos na escola. Ele deve prioritariamente reconhecer os propósitos democráticos da escola, a missão que a sustenta e suas reais demandas. O cuidado para que as relações interpessoais sejam éticas e respeitosas, é também uma das atribuições dos gestores, que se bem-feita, em muito contribuirá para o desenvolvimento e estruturação da escola.

Como já dito, a atuação dos gestores, abarca diferentes dimensões que precisam estar em consonância para que a escola funcione de maneira harmônica e produtiva. Conheçamos então os principais pilares:

a) Gestão Pedagógica

Relaciona-se a organização, planejamento e execução dos projetos pedagógicos. Esse pilar abarca a gerência de recursos humanos, o aprimoramento de metodologias de ensino, a capacitação dos docentes e a avaliação das metas do ensino e do desempenho do corpo discente.

Os parâmetros para planejamento-aprendizagem sustentam-se nesse pilar e deixam claro o papel da escola na construção social, política e econômica da sociedade.

A escolha por metodologias de ensino, a concepção de formação humanística, científica, cultural e tecnológica, os avanços qualitativos que se consolidam por meio da formação continuada dos educadores, também se sustentam nesse pilar. A gestão pedagógica engloba, portanto: currículo, ação docente, patrimônio e resultados.

Busca atender às necessidades de todos os setores da escola de forma integrativa, oferecendo suporte para os envolvidos na formação dos alunos, considerando que os profissionais que atuam na escola, independentemente dos cargos que executam, são educadores em potencial.

Otimiza tempo e processos dentro do ambiente educacional.

É responsável por estabelecer metas educacionais e avaliar os respectivos resultados.

É responsável pelo acompanhamento do fazer pedagógico do corpo docente.

Fica normalmente sob a responsabilidade dos diretores escolares e dos coordenadores pedagógicos.

b) Gestão Administrativa

Implica no controle e gerenciamento dos recursos de ordem material e financeira da escola, além do zelo pelo patrimônio escolar. Passam por esse pilar a manutenção do patrimônio e da infraestrutura e as questões de ordem burocrática, como emissão de notas e documentos.

É sem dúvida esse setor da escola o responsável por viabilizar o planejamento do uso dos recursos da instituição, de forma a garantir as ferramentas e os materiais necessários para o bom andamento da escola em seus diferentes setores.

Para que as atividades pedagógicas aconteçam da melhor forma possível, a gestão administrativa deve disponibilizar recursos compatíveis com as demandas que abarcam recursos financeiros e físicos, bens materiais, patrimônio e estrutura.

A Gestão Administrativa se preocupa também com as necessidades estruturais da escola e abarca cuidados com limpeza; disponibilização de materiais; manutenção patrimonial e acesso às tecnologias. Essa organização estrutural é fundamental para que a escola consiga otimizar outras gestões, principalmente a pedagógica.

c) Gestão Financeira

Envolve gastos e distribuição do orçamento da escola priorizando o bom funcionamento de cada um dos setores da instituição.

Esse setor é responsável por alocar os recursos disponíveis nos lugares certos e de acordo com cada necessidade, de modo que o financeiro se mantenha saudável. É por meio desse controle efetivo, que a escola se mantém alinhada e sem prejuízos de ordem econômica.

Está diretamente ligada ao fluxo de caixa da escola e à saúde financeira da instituição.

É responsável pela prestação de contas acerca dos gastos da escola e pagamento de contas e salários.

d) Gestão de Recursos Humanos

Tem como finalidade principal o engajamento e a motivação dos colaboradores nos diferentes processos da escola. Também estão atreladas à gestão de recursos humanos, o investimento em ferramentas que sejam facilitadoras de trabalho, o incentivo à formação continuada, o acompanhamento da funcionalidade dos colaboradores e a manutenção do clima de respeito e de colaboração mútua.

Uma boa gerência dos recursos humanos da instituição escolar garante aprendizagens de qualidade e o bem-estar de pais, alunos e funcionários que, ao se sentirem pertencentes ao universo escolar, passam a entender as reais demandas e a agir de maneira colaborativa.

e) Gestão de Comunicação

Faz valer a boa comunicação entre as pessoas da comunidade escolar, acerca dos princípios, das metas, demandas e êxitos do universo escolar. A qualidade comunicativa da escola deve também atingir às famílias dos educandos, para que sejam atuantes diante do processo de aprendizagem de seus filhos e se tornem colaboradoras da escola.

Esse pilar está atrelado também à organização de campanhas de matrícula. O marketing institucional atua nesse setor, ficando responsável pelo posicionamento da marca, pela visibilidade da escola e pela comunicação entre a escola e as famílias.

f) Gestão de Tempo

Relacionada à eficiência dos processos e qualidade de ensino, a partir de organização prévia, do estabelecimento de prazos para o cumprimento de tarefas e da clareza quanto a produtividade esperada de cada um dos setores da escola.

g) Gestão da Tecnologia Educacional

Atrelada às mudanças oriundas da revolução tecnológica responsável pela inserção de tais recursos como facilitadores e qualificadores dos processos escolares.

Nesse viés, a gestão tecnológica beneficia todos os setores envolvidos nos processos educacionais. Uma gerência adequada às inovações tecnológicas otimizará processos de matrículas, controle de frequência dos discentes, lançamento de notas e instrumentos de avaliação, comunicação interna e externa, entre outras demandas.

Nesse ponto, não podemos deixar de citar a necessidade de investimentos e esforços no sentido de adquirir e manter equipamentos atualizados, como computadores, projetores e câmeras de monitoramento.

No cenário educacional brasileiro, encontramos instituições de ensino que contemplam para cada um dos setores acima explanados, um profissional específico. Se assim for, os resultados terão maior possibilidade de êxito, considerando a qualificação específica e a dedicação exclusiva dos sujeitos que assumem cada setor. Nesse contexto, é fundamental haver uma relação dialógica para que as ações estejam imbricadas umas nas outras, de forma a contemplar as demandas da escola como um todo.

Porém, também nos deparamos com instituições menores, normalmente da rede particular de ensino, que não têm infraestrutura para abarcar profissionais distintos para cada setor. Assim, muitas vezes as funções acabam sendo assumidas pelo próprio diretor ou pela coordenação pedagógica, acarretando inevitavelmente um acúmulo de tarefas que implica em uma atuação mais solitária e por vezes, mais centralizadora.

CAPÍTULO IX

A Gestão Escolar frente às demandas de Convivência na Escola

Ao explanarmos sobre a gestão democrática, não podemos deixar de refletir sobre a convivência democrática, justa e harmoniosa entre todos os atores do cenário escolar, em uma perspectiva de não autoritarismo hierárquico.

No modelo dinâmico de gestão escolar, é previsto que as questões relacionadas à convivência, ocorram como um processo de equipe, relacionado a uma gigantesca amplitude social por participação. Nesse sentido, o papel do gestor é de articulador para a promoção de uma cultura organizacional que vise resultados positivos e desenvolvimento qualitativo. O foco de trabalho do gestor precisa necessariamente estar pautado no desenvolvimento global, que abarca diferentes situações, muitas vezes intimamente ligadas entre si. Da mesma forma, a concepção acerca dos conflitos que ocorrem nesse contexto, precisa ser encarada como processos naturais da convivência social e como oportunidades ricas de crescimento mútuo.

Diferentes pesquisas apontam que a qualidade das interações sociais e o processo de resolução dos conflitos no ambiente escolar estão intimamente ligados a uma maior ou menor adesão ao valor da convivência democrática. Para melhor compreendermos tal apontamento, devemos lembrar que a modalidade de gestão participativa rompe com uma estrutura verticalizada e hierarquizada de poderes dentro da escola. Ao contrário de uma postura mais ditatorial, a gestão democrática favorece processos de negociação entre pessoas e seus diferentes pontos de vista e interesses, em relação a todos os setores que constituem o universo escolar.

Enquanto mudança organizacional, a gestão democrática exige postura empreendedora, que possa diagnosticar a realidade e articular as melhores estratégias para percorrer os caminhos que solucionem as demandas que surgirem, lembrando que para isso, é fundamental contar com a participação da coletividade, fomentando reflexões, provendo recursos, formação e motivação.

Atitudes oriundas de posturas democráticas viabilizam paulatinamente a aprendizagem da cooperação e do compromisso de todos para que haja no âmbito escolar uma convivência consolidada no respeito mútuo, mesmo diante das divergências de pensamentos. Esse é um processo de construção que vai se estruturando com a força da coletividade e principalmente pela gestão que assume o compromisso incansável e diário de considerar a coletividade para a tomada de decisões.

A construção de um Plano de Convivência é algo a ser considerado e estruturado nesse processo, visando compreender pontos vulneráveis nas relações que se estabelecem na escola, visando à redução de comportamentos inadequados e favorecendo relações dialógicas e democráticas. Assim, se estabelecem em linhas gerais, o modelo de convivência a ser adotado, levantam-se os objetivos e as normas que favoreçam a consolidação de todo esse processo. Isso é, na verdade, uma forma de "educar no e para o conflito" (Avilés, 2013).

A elaboração desse plano pode ficar sob a responsabilidade da equipe administrativa, em colaboração com orientadores, coordenadores e representantes da comunidade escolar. O ponto de partida é diagnosticar o problema em si e todo o seu entorno. Depois, dar voz a comunidade como um todo é um passo fundamental, para planejar ações que possam atender positiva e respeitosamente as demandas do conflito instaurado. Essa prática organiza de maneira intencional e colaborativa as ações da escola no que tange as convivências de modo geral neste ambiente. O projeto de convivência se estrutura, então, a partir da sensibilização dos envolvidos direta ou indiretamente nas situações conflituosas, na elaboração de ações para lidar com elas, e na elaboração de ações que as solucionem (diagnóstico, planejamento e avaliação).

Não se pode ter a utopia de resoluções imediatas ou de curto prazo, considerando que acontecem dentro de todo um processo. O plano de convivência se refere a uma proposta institucional que envolve o coletivo para planejar e zelar pela convivência democrática em sua essência, a partir das necessidades reais sentidas e compreendidas por todos, para que a convivência passe a ser um valor da comunidade educativa e não um problema. Essa construção não pode ser concebida por obrigação ou para o cumprimento rígido de normas de conduta, ao contrário, precisa fazer sentido para todos para que haja corresponsabilidade na incorporação de ações preventivas e baseadas em diálogo e participação cooperativa e ativa.

Charlot (2002) contribui com nossa reflexão acerca das questões conflituosas dentro da escola, afirmando que não se trata de tentarmos fazer desaparecer com cenas de agressividade, de conflito e intolerância dentro da escola, mas sim de regulá-los pelo diálogo e não pela sanção ou pelo fomento à violência. Precisa-se também dimensionar os conflitos e agir dialogicamente sobre eles na perspectiva democrática, pois a incivilidade caracteriza-se por diferentes vertentes e muitas vezes de maneira mais velada, por meio de ofensas, provocações, pequenas infrações, falta de polidez, entre outros. São consideradas como condutas "perturbadoras", mas não violentas, porém também demandam diagnóstico e intervenções para a melhoria do ambiente social.

Enfim, diante das incontáveis questões de convivência que ocorrem no âmago da escola, os gestores precisam ser proativos, dialógicos e articuladores de processos que conclamem pela colaboração da comunidade educativa como um todo, para que se criem planos mais efetivos de convivência salutar, sem perder de vista que a escola é um palco supremo de relações humanas que se entrelaçam cotidianamente, carregadas das subjetividades dos sujeitos. É um processo árduo e constante, mas que jamais poderá ser deixado à margem, pois há uma responsabilidade social crucial a ser cumprida pelas instituições escolares, no sentido de favorecer o desenvolvimento dos educandos do ponto de vista cognitivo, emocional e social.

DEMANDAS DA CONVIVÊNCIA NO COTIDIANO ESCOLAR

No dia a dia da escola, algumas demandas passam pela estrutura organizacional que inevitavelmente se estruturam por meio de regras e precisam ser cumpridas por todos os envolvidos no contexto escolar. Vamos aqui exemplificar com a questão de horários de entrada, de saída, de aulas específicas. Por mais democrática que a gestão seja, é um lugar que não pode ser negociado, em nome do bom funcionamento da escola.

Já outras questões que não desencadeiem desordens na logística da escola, podem e devem ser negociadas e ajustadas. Podemos exemplificar com a autorização para utilizar determinado espaço da escola que seja mais compatível com a proposta a ser realizada, sem que este estivesse reservado anteriormente.

Outro exemplo está na discussão acerca de eventos internos na escola. Considerando a premissa do diálogo para a estruturação dos processos, vale mais a pena, a construção coletiva de ideias, para que todos possam sentir-se pertencentes ao processo.

Quanto à convivência com os alunos, ocorrem situações indisciplinares, questões emocionais que impactam o bem-estar e o desenvolvimento acadêmico e surgem dificuldades de aprendizagem oriundas de diferentes fatores. Em todos os casos, acreditamos na seguinte conduta: firmeza nos princípios e suavidade nos modos. Em outras palavras, a convivência precisará estar pautada no respeito, na escuta, mas também requer posturas firmes ao indicar caminhos e ao exigir posturas adequadas no âmbito escolar. Porém, de forma alguma a autoridade dos gestores, sejam eles diretores, coordenadores ou orientadores, pode ser confundida com autoritarismo, pois, se assim o for, o ambiente escolar se torna nocivo a todos os que o frequentam.

Vale destacar que a liderança positiva só se concretiza quando os gestores atuam literalmente junto de seu alunado e da comunidade educativa como um todo.

A convivência com as famílias, passa pelo mesmo princípio. Nem sempre há uma relação harmônica no convívio com as famílias, por divergência de opiniões, exigências incabíveis ou até mesmo pela ausência de algumas no processo ensino e aprendizagem. Há casos de tamanho abandono das crianças, que é por meio da escola, que o Conselho Tutelar é acionado para buscar melhores condições de acompanhamento tanto do ponto de vista físico, como do emocional.

O contato direto com os educadores, também é permeado por demandas, para que estes recebam dos gestores o devido suporte para que desenvolvam suas práticas pedagógicas. Isso envolve reuniões frequentes, acesso o mais imediato possível aos gestores, devolutivas quanto à apresentação de projetos ou planejamentos e apoio para que se desenvolvam ações inovadoras.

Ressaltamos novamente, nossa crença de que a abertura de espaços de participação para todos, seja o caminho mais adequado para as relações que se estabelecem na escola.

CAPÍTULO X

A Gestão Democrática e o Projeto Político Pedagógico

Iniciaremos este capítulo explanando sobre o Projeto Político Pedagógico, cujo objetivo primordial é a promoção da autonomia e da independência dos espaços educativos, de maneira a fortalecer princípios de coletividade e corresponsabilidade entre professores, gestores, alunos, pais e comunidade educativa. Para tanto, recordamos a Lei de Diretrizes e Bases – LDB nº 9.394/96 que estabelece claramente que o princípio da gestão democrática se consolida por meio de processos coletivos envolvendo a participação da comunidade local e escolar. Em seu artigo 14, a referida Lei nos aponta sobre a elaboração do Projeto Político Pedagógico (PPP), como um instrumento fundamental para a gestão democrática, para garantir a organização do trabalho e das atividades da escola e, particularmente, para a definição de sua própria organização pedagógica.

Segundo VEIGA (1995) a elaboração do PPP é de fundamental importância na implementação de uma gestão democrática, pois ao se constituir, viabiliza uma organização do trabalho pedagógico que considere os conflitos, buscando estratégias coletivas e dialógicas para solucioná-los; que visualize com clareza possíveis relações competitivas, corporativas e autoritárias, buscando rompê-las; que otimize a diminuição de efeitos fragmentários oriundos de uma hierarquia de poderes.

O PPP prevê transparência na organização escolar e evidências de poderes e limites. Também conclama pelo envolvimento de todos os componentes do contexto escolar para garantir qualidade educacional de acordo com a sociedade contemporânea. Deve ser entendido como elemento colaborador no processo de gestão democrática, nas práticas cotidianas e no trabalho pedagógico como um todo. Dessa forma, não pode ser ele um mero documento burocrático a ser engavetado. O documento deve orientar efetivamente o trabalho escolar, projetando para além do empírico.

Ao entendermos que o Projeto Político Pedagógico deva ser construído sob os princípios da coletividade (direção, professores, coordenadores, pais e alunos), a partir do levantamento das demandas da escola, inferimos o quão necessário é que todos os envolvidos, sem exceção, tenham a máxima ciência acerca da função social da escola, pois somente dessa forma, o caminho será traçado de maneira a se garantir a qualidade de ensino para todos.

Veiga (1998), novamente contribui com nossa reflexão ao sinalizar três movimentos básicos do processo de construção do PPP:

- Marco Situacional

  Os desafios da educação contemporânea perpassam nas camadas sócio-político-econômicas. Reconhecer como vemos a realidade de maneira geral, evidenciar traços marcantes e fragilidades, são pilares do Marco Situacional, que busca explicitar a visão geral da realidade e não apenas da instituição em si. No levantamento do marco situacional, devem ser levantados dados acerca do mundo contemporâneo onde a escola está inserida (Mundo, País, Estado, Cidade, Bairro). A partir da visão macro, passa-se refletir sobre a logística interna da escola, daquilo que ela é. Aqui, ressalta-se a necessidade de uma observação bastante minuciosa de cada uma das dimensões da escola, abarcando valores, concepções e culturas. É um verdadeiro mapeamento que passa pela organização administrativa, abordagem pedagógica, perfil socioeconômico da clientela e da comunidade onde a escola está inserida. Esse mapeamento detalhado será capaz de revelar o modelo de homem, de educação e de sociedade que temos.

- Marco Conceitual ou Referencial
  Aqui, a partir da análise da realidade constatada no marco situacional, a escola discute e se posiciona quanto a sua concepção de educação e sociedade, homem, educação, escola, currículo, ensino e aprendizagem. A partir dessa análise, definem-se as prioridades a serem trabalhadas.
  Podemos definir o Marco Conceitual como o ponto de chegada almejado. Nele, devem ser explanados os fundamentos teóricos e filosóficos que alicerçam a função social da escola.

- Marco Operacional
  Depois de compreender a estrutura da escola e analisar prioridades, o marco operacional apontará para as tomadas de decisões para atingir os objetivos. É o momento de sinalizar claramente o que a escola pretende fazer para implementar de maneira efetiva, as ideias postuladas no Marco Conceitual. Isso envolve uma complexidade de questões ligadas ao levantamento de estratégias, à definição do que será realizado a curto, médio ou longo prazo, aos recursos necessários para cada ação, à definição dos sujeitos envolvidos em cada processo e, principalmente, à clareza da proposta curricular da escola.

Vale ressaltar que nos marcos situacional, conceitual e operacional, a coletividade é tida como alicerce e o posicionamento democrático assumido pela gestão escolar fará diferença positiva para a elaboração de um PPP adequado à cada realidade escolar.

Este documento prioriza a transparência da forma organizacional da escola, no sentido de deixar claro quais são os poderes da escola e quais são seus limites de atuação. Isso só se torna possível perante a participação efetiva dos diferentes sujeitos que compõem a engrenagem escolar. Nessa perspectiva, a flexibilidade perante a possíveis mudanças, precisa certamente ser considerada por todos, lembrando que o PPP deve orientar a finalidade do trabalho escolar, pensamento este, referendado por Gadotti (1994).

Como vemos, a elaboração do Projeto Político Pedagógico, deve estimular a busca pelas inovações tecnológicas e se aproximar de transformações sociais que clamam por sujeitos ativos que venham a contribuir de maneira colaborativa com o mercado de trabalho das mais diversas áreas. Com toda a certeza, o PPP não é um documento burocrático a ser engavetado. Ao contrário, a partir de sua construção, a escola passa a adquirir claramente a sua identidade e a se fortalecer autonomamente para que diante dos desafios cotidianos, possa definir posicionamentos e buscar alternativas viáveis para superá-los, a contento do processo de ensino e aprendizagem de qualidade para todos. Na verdade, ele deve ser compreendido como um dos principais instrumentos para a organização escolar e pedagógica, capaz de diminuir a hierarquia sustentada na fragmentação pelo teor dos trabalhos realizados.

Para fazer valer a Gestão Democrática e o Projeto Político Pedagógico, é necessário abrir constantemente espaços de diálogos, de participação efetiva de todos os envolvidos na engrenagem escolar, para o reconhecimento das necessidades peculiares da unidade escolar e para a tomada de decisões quanto a mudanças ou permanências de ações que venham a contribuir positivamente para o processo educacional. No mesmo patamar de importância, são bem-vindos os processos de capacitação contínua do corpo docente, engajando os professores na consolidação de práticas escolares que visem o bem comum para além dos conteúdos, capacitando pessoas para se tornarem críticas e embasadas politicamente diante da sociedade, para que esta se mantenha efetivamente democrática.

Vasconcellos (2002) contribui significativamente para o entendimento sobre o Projeto Político Pedagógico, ao afirmar que ele é o plano global da instituição escolar, capaz de favorecer a construção da identidade da escola. Para o referido autor, o PPP é um poderoso instrumento metodológico para a transformação da realidade.

> Enquanto processo, implica a expressão das opções da instituição, do conhecimento e julgamento da realidade, bem como das propostas de ação para concretizar o que se propõe a partir do que vem sendo; e vai além:

supõe a colocação em prática daquilo que se foi projetado, acompanhado da análise dos resultados. (VASCONCELLOS 2002, p. 17).

Diante do exposto pelo autor, podemos inferir que o PPP representa um compromisso entre comunidade escolar e gestão democrática da escola em seus saberes, seus desafios, suas conquistas. Não se trata apenas de integrar escola, família e comunidade local, mas de visar à transformação e provocar crescimento social e político de ordem pessoal e comunitária, em prol de uma educação escolar mais humana e participativa. O PPP enaltece fortemente o diálogo com a comunidade escolar, transformando-se num instrumento de pesquisa social, que favorece implementações e práticas de projetos de dimensão pública, que evidenciem a identidade da educação.

Ainda para Vasconcellos (2000), o PPP pode:

- Conferir competências e habilidades aos sujeitos envolvidos no universo escolar, considerando a singularidade de suas reais possibilidades;
- Favorecer a construção de autonomia, empatia e espírito de cooperação;
- Gerar conhecimentos para além das abordagens curriculares;
- Gerar relações positivas e democráticas;
- Favorecer transformações pautadas no respeito mútuo, no diálogo, na participação e no engajamento.

> De maneira resumida, podemos apontar que a construção do Projeto Político Pedagógico envolve em primeiro lugar, o levantamento do diagnóstico da realidade da escola, por meio da escuta da voz da comunidade (professores, colaboradores, alunos e famílias). Em seguida, ainda contando com o apoio de todos, de maneira reflexiva, há de se levantar aquilo que se quer construir e como chegar a essa construção. O consenso das discussões deverá ser sintetizado em forma de documentação a ser revisitada no cotidiano escolar, para que sua real função seja garantida. A qualidade da Educação será alcançada na medida em que a comunidade

> escolar se comprometer com suas escolhas, pensando--as de maneira ética, projetadas para superar desafios e ampliar o conhecimento sobre os problemas públicos e sociais vividos pela comunidade escolar. Só assim a escola continuará cumprindo seu importante papel de ser um ambiente de exercício da vida social. (LOPES *et al.*, 2016, p. 13)

A construção do PPP implica que os gestores escolares, assumam uma postura compromissada não apenas com o cumprimento das demandas legais da sua função, mas também com uma liderança na gestão pedagógica de forma a garantir que o PPP cumpra seu papel articulador com as necessidades reais da escola como um todo. Isso só é possível ao se consolidar a participação da comunidade escolar.

A gestão democrática prevê então, que o gestor escolar tenha perfil de liderança e competências específicas diante do processo de elaboração e execução do PPP. Sua postura democrática e participativa deverá garantir que as metas para a constante melhoria do ensino sejam cumpridas. De maneira dialógica, esse ator importante da engrenagem escolar, poderá articular ações, delegar tarefas, assumir questões não delegáveis, em cumprimento de sua função específica, integrar ideias e decisões coletivas vinculadas ao Projeto Político Pedagógico, e principalmente garantir um ambiente escolar comprometido com a formação integral de todos os seus educandos.

Se o Projeto Político Pedagógico tem a função de posicionar a escola enquanto espaço público, de inclusão, de debate e ações coletivas, sua elaboração não acarreta um resultado final, tendo em vista a própria dinâmica social. Aos gestores, fica a incumbência de torná-lo ativo e reajustado se necessário for.

Como já descrito, o PPP enquanto plano geral da escola, irá orientar as diferentes as ações que ela deseja desenvolver a curto, médio ou longo prazo. Destacamos agora, que suas metas devem imprescindivelmente, contemplar toda sua diversidade existente no espaço educativo e com isso, assumir o propósito de suprir as necessidades específicas de cada aluno, tornando assim um espaço inclusivo. É fundamental lembrarmos que a escola atual deve considerar amplamente as questões ligadas à inclusão social. Diante disso, o Projeto Político Pedagógico, pode ser um potente instrumento para a promoção da democracia escolar que prevê educação de qualidade para todos, independentemente de suas raças, gêneros ou credos.

Com base no artigo 3º da Lei de Diretrizes e Bases da Educação Nacional (LDBEN, nº 9.394/96), sabemos que entre os princípios do Projeto Político Pedagógico está a igualdade de condições para acesso e permanência na escola, de todas as crianças e jovens indistintamente de suas condições sociais ou necessidades específicas. O mesmo princípio é também previsto na Constituição Federal de 1988 e no Estatuto da Criança e do Adolescente (ECA/1991).

A escola deve ser, portanto, a principal ferramenta da inclusão e isto deve estar explícito em seu PPP. Seus planos devem contemplar uma cidadania global e livre de preconceitos de qualquer ordem.

O próximo capítulo trará reflexões importantes acerca da gestão democrática e do PPP, frente às demandas da educação inclusiva.

CAPÍTULO XI

Gestão Democrática, Projeto Político Pedagógico e Educação Inclusiva

Uma escola pautada nos princípios democráticos deve prever em seu PPP, ações voltadas a atender com qualidade, as especificidades de cada educando, tendo ele algum tipo de déficit ou não. Nesse sentido, a Declaração de Salamanca (1994) reafirma que todas as escolas devem acomodar todas as crianças, independentemente de suas condições físicas, sociais, intelectuais, emocionais ou outras tantas distintas, encontrando as melhores maneiras de educá-las com êxito e plenitude (UNESCO, 1994).

Ao construir ou revisar o projeto político-pedagógico, a escola trata dos direitos de aprendizagem previstos a todos garantidos pelas legislações em vigor. É esse o passo mais importante da escola: dar condições abastadas de progresso intelectual de cada estudante.

Ao analisarmos a historicidade da educação inclusiva no Brasil, nos deparamos com avanços significativos e discussões robustas acerca da inclusão, porém muitas barreiras ainda precisam cair. Nesse percurso temos a Constituição Federal de 1988, a Declaração de Salamanca (1994), o Estatuto da Pessoa com Deficiência (2000) e outros, que, teoricamente asseguram os direitos de todos, sem exceção, como cidadãos ativos na sociedade. Dizemos teoricamente, pois infelizmente ainda é bastante evidente o pouco preparo da sociedade diante das demandas da educação inclusiva, lembrando que incluir não é apenas aceitar o acesso dos indivíduos dentro do ambiente das escolas regulares.

É fundamental que os gestores escolares tenham conhecimento amplo acerca das legislações vigentes e empatia para estar à frente de ações efetivas que possam realmente dar as melhores condições sociais e emocionais a todos os educandos, inclusive àqueles com alguma necessidade especial. A garantia desses direitos e os planos de ação devem, portanto, estar especificados no Projeto Político Pedagógico de todas as escolas. Falamos aqui, de capacitação continuada dos educadores, de adaptações curriculares quando necessário e de acessibilidade arquitetônica. É mister que o PPP contemple assuntos relevantes como estes, de acordo com a realidade local, mas também com uma perspectiva futurista, que garanta o ingresso de estudantes de toda ordem e a promoção de aprendizagens pautadas na equidade. Para essa afirmação, recorremos à Declaração de Salamanca (UNESCO, 1994) que aponta claramente que as escolas deveriam acomodar todas as crianças, independentemente das suas condições físicas, intelectuais, sociais, emocionais, linguísticas ou outras.

Enquanto líderes democráticos, os gestores precisam levantar a bandeira da inclusão, juntamente com o corpo docente e a comunidade escolar. É preciso colocar em prática a premissa de que todos devem estar frequentando a escola, seja qual for a limitação. O universo escolar precisa estar apto a acolher a todos os estudantes sem discriminação e sem estereótipos de qualquer tipo. É fundamental destacarmos que a inclusão não constitui apenas uma política ou leis a serem cumpridas. Para muito além disso, é um trajeto de respeito, empatia e afeto a ser percorrido por toda a sociedade.

Sabemos que o desafio é realmente grandioso, considerando inclusive a formação inicial dos professores e a estrutura atual da educação brasileira, que ainda apresenta saberes fragmentados em disciplinas, aulas com pouco tempo de duração, salas com volumoso número de alunos, dificultando atendimentos mais individualizados, entre outras questões. Porém não podemos cruzar os braços diante das demandas inclusivas. Ao contrário, toda a equipe escolar deve estar constantemente em preparação para a educação escolar de qualidade para todos, em parceria as respectivas famílias e também com a toda a rede de apoio, quando houver (psicólogo, fisioterapeuta, fonoaudiólogo). Essas parcerias certamente potencializarão ações que favoreçam o aprendizado e o desenvolvimento social dos estudantes com alguma necessidade especial.

> "o ensino é uma troca constante e evolutiva, em que cada um recebe o que aprendeu e vai criando e tecendo redes de novos saberes".Vignon e Saliba (2015, p. 223)

Destacamos mais uma vez a importância do PPP, evidenciando as questões inclusivas em seus marcos situacional, conceitual e operacional, para buscar mudanças relevantes de atitudes, frente às demandas da inclusão. É preciso:

> [...] remover barreiras, sejam elas extrínsecas ou intrínsecas aos alunos, buscando-se todas as formas de acessibilidade e de apoio de modo a assegurar (o que a lei faz) e, principalmente garantir (o que deve constar dos projetos político-pedagógicos dos sistemas de ensino e das escolas e que deve ser executado), tomando-se as providências para efetivar ações para o acesso, ingresso e permanência bem-sucedida na escola. (CARVALHO, 2004, p. 72)

Ainda sobre o Projeto Político Pedagógico, é fundamental que em sua constituição estejam explícitas ações ligadas ao Plano de Desenvolvimento Individual (PDI), que garantam um trabalho pedagógico individualizado, diferenciado, adequado às necessidades de cada educando, principalmente àqueles com alguma necessidade específica. Entre as ações, podemos destacar reagrupamentos temporários, adaptação curricular, atendimento individualizado ao aluno, não apenas pelo professor, mas também pelos coordenadores e orientadores.

O PPP enquanto instrumento que esmiúça a ação educativa da escola em sua totalidade, precisa abarcar em seus princípios e fundamentos, propostas consistentes de educação para todos, com pressupostos de valorização da diversidade e da individualidade dos sujeitos, reconhecendo seus direitos genuínos de educação de qualidade (VEIGA, 2003). Nessa relação íntima com as questões inclusivas, o PPP legitima a escola como processo histórico e social formado por sujeitos culturais, que se propõem a desenvolver uma ação educativa a partir de uma unidade de propósitos pautados na igualdade de direitos. Diante disso, há de se considerar a inclusão como uma potente possibilidade de inserção plena de todos os indivíduos independentemente de apresentarem ou não patologias específicas.

Segundo REGO (2002), alguns princípios norteadores devem estar explicitados no texto que constitui o PPP, para que a escola seja evidenciada enquanto um local que possibilita uma vivência social de qualidade e que oferece oportunidades de acesso a informações e experiências novas e desafiadoras capazes de provocar transformações e de desencadear processos de desenvolvimento e comportamento:

- Princípio da identidade, com base na construção afetiva, intelectual, moral, cognitiva e ética;
- Promoção da sensibilidade estética, uma importante habilidade socioemocional relacionada à criatividade;
- Crença na capacidade de aprendizado de todas as crianças, sem exceção;
- Construção de laços de solidariedade, atitudes cooperativas e trabalhos coletivos;
- Práticas pedagógicas que visem a transformação constante, incluindo a organização de ambientes acolhedores e contextualizados;
- Criação de redes de apoio com organizações não-governamentais, secretarias de governo, iniciativa privada, rede filantrópica;
- Apoio didático e planejamento, visando dinamizar o cotidiano sócio-psicoeducativo. Nesse quesito o foco na formação continuada dos profissionais docentes é fundamental;
- Professor da sala regular assumindo a responsabilidade pelo trabalho pedagógico, com respaldo efetivo de seus gestores;

- Projetos inclusivistas cooperativos entre todos os envolvidos no processo – pais, comunidade, profissionais da escola e de fora;
- Flexibilidade curricular, no que tange processos e avaliações;
- Valorização das aptidões e interesses individuais dos educandos;
- Ênfase no desenvolvimento da autonomia, independência e autoconceito positivo pela participação social;
- Gestão democrática e descentralizada;
- Formação continuada de professores, diretores, pessoal de apoio e demais membros da comunidade escolar;
- Revisão constante da prática escolar e do PPP.

Por fim, podemos inferir que a construção do Projeto Político Pedagógico deve certamente abarcar as questões inclusivas, do ponto de vista macro e micro, o que requer de todos envolvidos em sua elaboração, uma abrangência extremamente reflexiva, investigativa, consistente, coesa, sistematizada e pautada no diálogo e na coautoria onde cada um assume seu papel na trajetória escolar democrática.

Nesse processo os gestores precisam buscar por conhecimentos robustos acerca das demandas de cada questão inclusiva, estabelecer parcerias efetivas e promover ações formativas para que a comunidade escolar como um todo, possa estar apta a atender as demandas ligadas à educação inclusiva, lembrando que o conceito não se limita a algum tipo de deficiência mental, limitações sensoriais ou neurológicas, mas que, na verdade, abrange qualquer diferenciação ou necessidade de recursos pedagógicos diferenciados no processo de aprendizagem escolar, como atraso na escolarização, disfunção na fala, questões de ordem atencional, dificuldade de relacionamento social, entre outros. Esse contexto abarca também indivíduos com altas habilidades que necessitam de adaptações curriculares e metodológicas que lhes deem oportunidades de progressos de acordo com seu potencial diferenciado.

No PPP, portanto, devem estar explícitos objetivos, ações e metas relacionadas às questões inclusivas e a formação continuada dos educadores para que possam atuar de maneira competente frente a elas. Imbernón (2010) e Ibiapina (2008) sinalizam que a formação continuada dos educadores deve estar articulada no Projeto Político Pedagógico para que então possa estar de fato articulada ao contexto do trabalho pedagógico.

Assim, a efetivação do currículo precisa estar atrelada ao desenvolvimento do conhecimento, de habilidades e atitudes. O objetivo do projeto político pedagógico é estabelecer direitos de aprendizagem a todos os estudantes em uma perspectiva de equidade, visando garantir as condições necessárias para que as aprendizagens se efetivem na Educação Especial e na educação inclusiva (BRASIL, 2017).

Enfim, é de fundamental importância destacar no PPP, diferentes frentes de atuação de ações e detalhamento dessas ações para que a prática pedagógica seja permeada de significados. Neste importante documento, a escola precisa ser reconhecida como um espaço inclusivo que não foca apenas no rendimento acadêmico homogêneo e sim em um currículo que contemple aprendizagens em patamares de equidade e considere diferenças individuais.

Evidenciar no PPP, que o trabalho na diversidade tem início ao se reconhecer a diferença e a paridade de direitos, é uma forma potente de propiciar a integração das diferenças no cenário escolar, ativando o potencial criativo de cada sujeito.

EDUCAÇÃO INCLUSIVA NA PRÁTICA

Sabemos do respaldo legal quanto às questões inclusivas na escola regular. Acreditamos também o quão importante é a premissa de uma educação de qualidade para todos, sem exceção. Ao mesmo tempo, sabemos das inúmeras lacunas existentes na prática da educação inclusiva no Brasil.

Em primeiro lugar, destacamos a formação inicial dos professores que atuam diretamente com casos de inclusão em sala de aula, muitas vezes, sem nenhum outro profissional de apoio. Os cursos de graduação, em sua maioria, apresentam módulos superficiais acerca da inclusão. Dessa forma, o profissional se depara com diferentes casos em sala de aula e não sabe lidar adequadamente com eles, criando estratégias individualizadas e adaptadas para garantir o aprendizado de todos. Os professores, por sua vez, recorrem aos gestores, que também não são especializados em casos inclusivos.

Por muitas vezes, até o encaminhamento para investigação de possíveis diagnósticos, fica sob responsabilidade dos diretores, coordenadores, orientadores e professores, pois a família também se encontra perdida, diante de casos atípicos de desenvolvimento. Ainda sob a ótica familiar, a escola, liderada por seus gestores, lida com situações de inconformismo, de ignorância, de luto diante de diagnósticos, de restrições financeiras para garantir tratamentos e acompanhamentos mais adequados.

São muitas as complexidades no cenário inclusivo e a cada caso, muitas vertentes de análise e tomada de decisões, às vezes assertivas e outras frustrantes. Diante de diferentes e inúmeras patologias, lá estão os educadores lutando bravamente para entregar o seu melhor.

Obviamente, há unidades escolares mais estruturadas que investem em formação continuada e possibilitam ações mais efetivas no quesito da inclusão. Independente das condições de cada escola, a caminhada para que se garanta uma educação de qualidade a todos, não é leve ou poeticamente florida, mas certamente é necessária e possível dentro dos princípios de equidade.

Outra demanda a ser contemplada nesse breve relato, é a necessidade de fortes parcerias com profissionais de apoio, como fonoaudiólogos, psicólogos, terapeutas ocupacionais, psicomotricistas, entre outros. Por vezes, o acesso a profissionais da saúde, como neurologistas e psiquiatras, também se efetivam em parcerias com a escola, porém são mais raros. É de responsabilidade dos gestores, principalmente dos que atuam na coordenação e orientação pedagógica, garantir a qualidade e a frequência de encontros com tais especialistas, em prol do desenvolvimento individual dos educandos neuroatípicos.

Por mais complexas que sejam as demandas frente aos casos inclusivos, é responsabilidade suprema da escola adequar-se a elas, para melhor atendê-los. Essa adequação, certamente terá mais êxito, se for abraçada pela equipe gestora.

CAPÍTULO XII

Relação Gestão
x
Família

Sempre é válido lembrar que a formação das pessoas se consolida nas e pelas interações que se estabelecem no decorrer da vida, com outras pessoas e com o meio onde estão inseridas. Sendo o ambiente escolar um palco supremo de relações humanas sua importância é inquestionável para a formação dos sujeitos.

Pensando nas relações que se estabelecem entre os gestores, sejam eles diretores pedagógicos ou financeiros, coordenadores ou orientadores e as famílias, passaremos agora a refletir sobre alguns pontos importantes, ressaltando que na instituição familiar e na escola, as crianças e jovens passam a maior parte do tempo. Dessa forma, quanto mais harmoniosa for essa relação entre escola, aqui pautada na figura dos gestores, e a família dos alunos, melhor serão as condições de desenvolvimento global destes. O diálogo entre essas duas instituições nos parece ser realmente primordial para que os alunos se sintam verdadeiramente apoiados.

Quando falamos de uma relação de parceria entre família e escola, não nos referimos apenas às comunicações formais sobre o desempenho acadêmico dos alunos ou sobre questões comportamentais por vezes inadequadas. Embora sejam temáticas relevantes, a gestão democrática precisa estabelecer ações que possibilitem interações para além disso. Algumas práticas cotidianas simples poderão contribuir consideravelmente para o estreitamento das relações entre família e escola e, como líderes, os gestores devem estar atentos para promovê-las com auxílio do corpo docente e administrativo. Comunicados informativos acerca de projetos pedagógicos em andamento, pequenos artigos sobre o desenvolvimento das crianças e dos jovens, convites para que as famílias visitem algumas exposições dos trabalhos realizados, são possibilidades de criar vínculos mais sólidos com as famílias. Além disso, a presença física dos gestores em momentos de entrada e saída dos alunos, a abertura para pequenos diálogos cotidianos com as famílias, desmistificam a figura de uma gestão de gabinete e possibilitam uma relação mais humanizada e consistente com as famílias, que passam a entender o caráter democrático da escola.

É necessário também que haja abertura para diálogos mais formais, por sugestão da própria escola ou das famílias. É óbvio que por uma questão organizacional, muitas vezes haverá a necessidade de agendamento prévio, mas a gestão precisa se mostrar acessível às famílias de maneira geral. A escuta atenta das demandas trazidas pelas famílias e a franqueza sobre as peculiaridades sobre desenvolvimento social e acadêmico de cada um dos educandos é um caminho sólido a ser percorrido pelos gestores democráticos. Com isso, as famílias passam a ter uma visão mais abrangente de seus filhos e, ao mesmo tempo, a escola tem a possibilidade de compreender melhor os alunos, ao conhecer um pouco mais a fundo sobre o ambiente familiar onde estão inseridos.

Ao acolher as famílias, os gestores precisam realmente estar dispostos a ouvi-las. O oferecimento de espaços em que as famílias possam expressar suas angústias, seus questionamentos, argumentos e suas sugestões é uma forma de legitimar um canal de diálogo assertivo entre a família e a escola. Essa prática pode ocorrer em caráter coletivo, em momentos pontuais envolvendo assuntos mais generalizados acerca das práticas pedagógicas e do desenvolvimento dos educandos frente a elas, ou pode acontecer em reuniões privadas, quando o assunto for de ordem particular. O importante é que essa abertura para o diálogo seja um norte constante no cotidiano escolar. É certo que, quanto mais a família se sentir escutada e acolhida pela escola, maiores serão as chances de envolver-se efetivamente e em parceria real com a comunidade escolar. Não é uma tarefa fácil, pois os princípios que norteiam a escola, nem sempre são compreendidos e aceitos pela totalidade das famílias, mas o esforço precisa ser feito para que a parceria escola X família, se concretize. Para tanto, cabe aos gestores a firmeza de princípios e a suavidade nos modos, premissa esta válida para todas as relações que se estabelecem no âmago de todas as escolas.

Vale também lembrar, que não há uma receita pronta, considerando as diferentes realidades de cada escola, mas sejam quais forem as estratégias, o mais importante é o alinhamento da comunicação entre gestores escolares e famílias, para que se estreitem laços de confiança, dissipem-se mal-entendidos, esclareçam-se objetivos e busquem-se as soluções mais adequadas para cada situação, de forma consonante com a proposta pedagógica, missão e valores da escola.

Plataformas online, atualmente também auxiliam em muito a aproximação entre gestores escolares e famílias, agilizando possibilidades de diálogo ou ajustes de agendas para encontros presenciais, quando necessários. Com isso, a família também pode manter-se informada sobre os fazeres da escola, de maneira mais frequente e imediata.

É indiscutível que o investimento na construção de relações sólidas e construtivas com as famílias, cria um ambiente cooperativo a partir da confiança mútua, e por mais difícil que isso pareça ser, é papel dos gestores não esmorecer frente às dificuldades que certamente surgirão.

Em conjunto com a equipe, os gestores precisam articular as melhores formas de atendimento à comunidade, pensando em espaços acolhedores, em formas de atendimento solícito e respeitoso e em esclarecimento acerca da proposta pedagógica. No mesmo grau de importância está a clareza sobre o papel da escola e o papel da família, para que não se confunda o que cabe realmente a cada uma das partes.

É notório que tanto as famílias de modo geral, quanto as instituições escolares, têm como desejo maior o preparo das crianças e jovens para uma formação social e política consistente. Uma não caminha sem a outra e evidencia-se que mesmo com papéis distintos, escola e família precisam atuar em parceria para a concretização de um projeto educativo de qualidade. Os papéis sociais da instituição escolar e da família, são diferentes, mas, ao mesmo tempo, são complementares e isso não pode ser deixado a deriva do processo de escolarização democrática, que tem como objetivo supremo o desenvolvimento de seus educandos. Para tanto, os gestores precisam reconhecer de maneira efetiva, toda a pluralidade das estruturas familiares de seus educandos e abrir espaços potentes de parceria. Realmente um grande desafio, alcançado infelizmente por poucos, pois ainda é possível constatar que em muitas instituições escolares as famílias têm uma participação meramente simbólica.

O necessário é a ruptura do paradigma da participação distanciada para que se consolide de fato uma participação engajada, enquanto condição para o funcionamento eficaz da escola, responsabilidade essa, ligada intimamente à função dos gestores escolares. A participação da família na escola, em perspectiva de parceria, só se concretizará se houver uma postura positiva da instituição, oferecendo espaços de diálogo, de convivência verdadeiramente humana e harmônica.

E NA PRÁTICA, COMO FUNCIONA?

Como vimos na abordagem teórica acima citada, o atendimento às famílias se consolida por meio de contatos diretos, sejam eles formais ou não. Dessa maneira, destacamos ações diárias, palpáveis nas escolas que priorizam atendimento de qualidade a toda a sua comunidade:

- Presença cotidiana dos gestores, em momentos de entrada e saída dos alunos, observando atentamente o movimento e colocando-se disponível ao atendimento mais corriqueiro do dia a dia, frente às famílias.
- Estabelecimento de um calendário fixo semanal, que contemple horário específico de atendimento às famílias que solicitarem ou que sejam convocadas a comparecer na escola.

- Disponibilização de meios de comunicação virtual direta e efetiva com os gestores, por meio de e-mail ou aplicativo institucional que garantam devolutivas dinâmicas e eficientes.
- Participação direta em reuniões de pais e mestres.
- Postura cordial, acolhedora e firme, diante das indagações apresentadas pelas famílias, sejam elas relativas ao currículo escolar, ao desenvolvimento de seus filhos, à organização e funcionalidade da escola.

CAPÍTULO XIII

Relação Gestão
x
Educandos

Iniciaremos as reflexões acerca das relações que se estabelecem nas instituições escolares, entre gestores e alunos, a partir da concepção do afeto que tem sua origem na palavra latina *affectus*, que significa estar inclinado a fazer algo a alguém, influir sobre.

Na abordagem da psicanálise, afetividade é o conjunto de diferentes fenômenos psíquicos que se manifestam por meio das emoções ou sentimentos, frequentemente acompanhados de impressões como prazer, dor, satisfação, insatisfação, alegria, tristeza.

Cotidianamente, afetamos as pessoas com as quais convivemos e somos da mesma forma afetados por elas. As influências exercidas entre as pessoas são reais e ocorrem em todas as instâncias, sejam elas positivas ou negativas. No senso comum, afeto pode estar vinculado apenas aos pressupostos de carinho para com alguém, porém afetar é verbo vivo das relações humanas e atinge a todos, ora de maneira acolhedora, ora de maneira destrutiva.

Sendo assim, na relação dos gestores escolares com os educandos dos diferentes segmentos da educação, inevitavelmente estará repleta de afetos de todas as ordens, pois afinal, não se trata de uma relação neutra e sim de intencionalidades educativas.

Os alunos, na posição de liderados pelos gestores e demais professores, precisam se sentir confortáveis e participantes em potencial dos processos que vivenciam no cotidiano escolar. A consolidação dessa premissa só se consolidará se a liderança souber acolher e respeitar as diferentes demandas oriundas dos grupos de estudantes.

Ao se sentirem importantes e valorizados no ambiente escolar, os alunos terão por consequência um maior engajamento para o desenvolvimento de suas potencialidades e recursos para uma aprendizagem mais robusta. Também vale destacar que nessa relação, o gestor necessita proporcionar oportunidades diversas aos alunos, como a oferta de cursos, grupos de estudo e atividades diferenciadas que tenham por objetivo impulsionar as aprendizagens de todas as áreas de conhecimento. O entrosamento harmonioso entre os gestores e o corpo discente, é, portanto, um valioso diferencial para os processos de ensino e aprendizagem, justamente por desenvolver o sentimento de pertencimento e corresponsabilidade diante dos processos que ocorrem na escola.

A ação em conjunto sempre será a melhor alternativa para o ambiente escolar. Essa é a mais pura verdade a ser considerada, se concebermos a ideia de que os alunos são os bens mais preciosos da instituição escolar.

É preciso lembrar que no processo de aquisição do conhecimento, as relações afetivas positivas são significativamente relevantes. Leite e Tassoni (2002) fazem menção à qualidade da mediação, afirmando que em muitos casos, a positividade em que se constitui, pode determinar aprendizagens futuras de qualidade em relação aos conteúdos escolares. Diferentes pesquisas mostram que o conhecimento cognitivo se sustenta a partir das mediações afetivas de qualidade.

A figura dos gestores não pode então estar atrelada ao autoritarismo ou a medidas punitivas. Ao contrário e de acordo com os princípios da gestão democrática, o diálogo, a escuta das demandas, e a relação cordial devem certamente prevalecer na relação direta com os educandos, no cotidiano escolar, considerando que a relevância do afeto na prática docente, traz sem sombra de dúvida, benefícios no processo de aprendizagem. Gestores que consideram os alunos enquanto sujeitos ativos favorecem a construção de pontes entre os educandos e o conhecimento. É de fato, preciso humanizar a escola par que isso se concretize.

No ambiente escolar, é notório que a interação de boa qualidade entre gestão-aluno seja imprescindível para o sucesso no processo ensino aprendizagem. Além disso, a postura dos gestores, afeta também a equipe docente, que se apoia em seus exemplos para as práticas pedagógicas em sala de aula.

Assim, além da competência específica para o cargo, cordialidade, diálogo, escuta ativa e firmeza de princípios devem ser as características mais relevantes dos gestores escolares na relação com seus educandos. Se assim for, os alunos paulatinamente passarão a adquirir autoconfiança para expressarem suas necessidades e para se sentirem de fato pertencentes ao universo escolar em que estão inseridos. Não é difícil inferir que a prática de boas relações no ambiente escolar, a começar pela postura de seus gestores, impactará positivamente todo o contexto da escola. Na gestão escolar, diretores, coordenadores e orientadores exercem funções complexas que abarcam a autoridade escolar, necessária para o bom andamento da instituição, o educador, genuíno de sua própria formação profissional e o administrador de toda a engrenagem escolar, que como tal, exerce influência direta na filosofia de trabalho da instituição, refletindo assim no processo ensino aprendizagem dos alunos. Tais funções não são desempenhadas isoladamente e, ao contrário, se inter-relacionam entre si. Porém, enquanto educador, deve compreender que o afeto, enquanto ação positiva, mobiliza aprendizagens e interações saudáveis com toda a comunidade escolar.

A equipe gestora, sensível a este aspecto imprescindível do afeto no momento das aprendizagens, deve propiciar a construção do conhecimento, em parceria com os professores, através de ações compartilhadas, comprometidas, envolventes, ativas e criativas, ao mesmo tempo em que deve proporcionar oportunidades constantes de aproximação com o corpo discente, para que dessa forma, o sentimento de pertencimento aflore e os vínculos afetivos sejam criados em favor do desenvolvimento global.

Os gestores devem estar engajados nos estudos que evidenciam o quão importante é o afeto para a constituição e o funcionamento da cognição. É necessário que compreendam que o interesse do aluno para adquirir o conhecimento de mundo, é movido por suas necessidades e desejos, que são altamente impactados pelas relações afetivas, lembrando que afetar é verbo vivo das relações humanas e atinge a todos, ora de maneira acolhedora, ora de maneira destrutiva.

Para que as relações interpessoais sejam favorecidas pela premissa do afeto enquanto alicerce do sistema educativo, os gestores precisam ter clareza de que é preciso superar de vez a contraposição entre razão e emoção, cognição e afeto, pois não são concepções dissociadas. Para além do acolhimento, o afeto precisa afetar, criar pontes conectivas entre os sujeitos e produzir mudanças.

> A afetividade e o desejo pouco têm sido teorizados na sua vinculação com o processo de aprendizagem. Isto porque a pedagogia tradicional, bem como algumas teorias psicológicas, baseadas no racionalismo e numa visão dualista do homem, têm considerado a aprendizagem como um processo exclusivamente consciente e produto da inteligência. A importância dos fatores relacional e afetivo implicados no ato de ensinar-aprender são descartados e a influência dos processos inconscientes na aquisição e elaboração do conhecimento é negada. (Almeida, 1993, p. 31)

Enquanto educador em sua essência, o gestor escolar precisa ser também um estudioso das teorias do desenvolvimento. Entre elas, destacam-se as valiosas pesquisas de Jean Piaget (1896-1980) e Lev Vygotsky (1896-1934) que apontam a relevância da afetividade no processo de desenvolvimento dos indivíduos. Também tem destaque no referencial teórico, Henri Wallon (1879-1962) para o qual, o homem é resultado de influências sociais e fisiológicas, aspectos fundamentais para o desenvolvimento humano. Nesse processo, há oscilações constantes entre a afetividade e a inteligência, o que ocorre de maneira dialética. Assim, o movimento da aprendizagem, não segue exatamente um percurso linear. Para Wallon, há uma importante dependência do ser humano, enquanto espécie, para construir seu ser, o que se dá por meio da interligação entre as dimensões motora, afetiva e cognitiva.

Não temos a intenção de julgar como tarefa fácil e simples, a prática gestora voltada ao fortalecimento das relações humanas por meio do afeto, pois ao lidar com diferentes indivíduos e com suas subjetividades e vivências sociais que já os afetaram e os constituíram enquanto pessoas, certamente encontrará barreiras grandiosas para garantir um ambiente promissor de trabalho. Também sabemos que não se trata de acolher, de ser bonzinho ou permissivo, diante dos interesses imediatos das crianças e jovens que frequentam as escolas. Há também demandas volumosas do ponto de vista social de cada instituição. Portanto, os desafios são imensuráveis, mas é preciso enfrentá-los.

Estar próximo dos educandos no cotidiano escolar, sem assumir uma postura autoritária ou coerciva, é sem dúvida o primeiro passo. A cordialidade, o chamar para a cooperação, o olhar para as individualidades e o estabelecimento de diálogos pautados também no saber ouvir, são elementos fundamentais da relação dos gestores com os alunos de forma geral, em qualquer segmento escolar. Isso não quer dizer que a autoridade do gestor não deva existir, mas claramente explicita a diferença entre autoridade e autoritarismo, pois este bombardeia as relações humanas e são inconcebíveis aos preceitos democráticos. O "não" continuará sendo dito, até porque saber o limite de cada situação é altamente educativo, mas a forma de dizê-lo fará total diferença para afetar o outro, gerando reflexões e não meras imposições. A prática educativa que se constitui na escola, vivida com base na afetividade, não se contrapõe à formação científica e aos aprendizados conquistados com base em arcabouços teóricos robustos, mediados pela competência dos educadores. Na verdade, a prática educativa contemporânea e sob a liderança colaborativa de seus gestores, deve abarcar afetividade, entusiasmo, domínio técnico e científico, relações dialógicas, sempre a serviço de mudanças de todas as ordens para que a educação seja realmente para todos.

> [...] O diálogo é o encontro amoroso dos homens que, mediatizados pelo mundo, o "pronunciam", isto é, o transformam, e, transformando-o, o humanizam para a humanização de todos (FREIRE, 1992, p. 43).

No universo escolar, os movimentos das aprendizagens acontecem nas e pelas trocas e interações entre todos os atores (gestores, professores, alunos, famílias, colaboradores) que juntos vão aprendendo a aprender e a ser, em uma perspectiva horizontal, dialógica repleta de afetos, problematizações e reflexões. Pensar em uma relação dialógica entre gestores e alunos significa ter abertura e empenho para uma transformação constante da realidade.

E NA PRÁTICA, COMO FUNCIONA?

Assim como no que tange a relação com as famílias, são notórios os êxitos na relação entre gestores e o alunado, quando esses profissionais fazem parte do cotidiano escolar. Se ao contrário for, provavelmente haverá uma "gestão de gabinete" ineficaz frente às verdadeiras demandas de ordem organizativa, relacional e de aprendizagens.

Condutas positivas:

- Estar cotidianamente presente em momentos de entrada, saída e no decorrer das atividades realizadas na escola.
- Adoção uma postura clara de autoridade não autoritária.
- Prática de escuta atenta aos problemas apresentados pelos alunos.
- Observação constante do desempenho escolar, por meio de acompanhamento das avaliações diagnósticas realizadas.
- Participação direta em eventos realizados na escola.
- Elaboração de uma agenda interna que contemple momentos de atendimento dos alunos em caráter individual ou coletivo.

CAPÍTULO XIV

A Gestão e Os Diferentes Segmentos da Educação Básica

Como já explanado anteriormente, a gestão pedagógica, representada pelos diretores, vice-diretores, coordenadores ou orientadores educacionais, consolida-se por meio de esforços individuais e coletivos de todos os atores do cenário escolar (gestores, professores, equipe administrativa, alunos, famílias) para que a engrenagem escolar em suas múltiplas vertentes funcione adequadamente e de maneira democrática, com o objetivo supremo de atingir os melhores patamares de aprendizagem de seus educandos.

É fundamental que na qualidade de líder escolar, os gestores tenham conhecimento técnico e científico e disponibilidade para constante aprofundamento nas áreas em que atuam e nesse contexto devem compreender de forma minuciosa, todas as demandas e aportes legais de cada segmento da educação brasileira. Só assim, poderá atuar de maneira coerente, estabelecer parcerias, promover estudos, reflexões e debates que sustentem melhorias constantes.

É necessário aos gestores, o reconhecimento das disposições legais sobre a Educação Básica, implícitas em diferentes documentos, como:

- Base Nacional Comum Curricular (BNCC)
  Documento de caráter normativo que determina os direitos e objetivos de aprendizagem e desenvolvimento de todos os alunos brasileiros. Norteia a construção dos currí-

culos estaduais e municipais de todas as escolas – públicas e privadas – para a Educação Infantil e Ensino Fundamental. A BNCC especifica os objetivos e como as áreas do conhecimento e disciplinas devem organizar-se para sua garantia, porém permite autonomia às redes de ensino, para elaboração e adequação de seus currículos.

- Plano Nacional de Educação (PNE)
Instituído pela Lei nº 13.005/2014, o Plano definiu diretrizes específicas para guiar a educação brasileira no decênio de 2014 a 2024. Nesse período há metas a serem cumpridas e é fundamental o conhecimento sobre elas, por parte dos gestores escolares.
A Lei reitera princípios colaborativos entre a União, os Estados, o Distrito Federal e os Municípios, para que as metas sejam atingidas.

- Plano de Desenvolvimento da Educação (PDE)
Aprovado em 2007, tem como objetivo melhorar todas as etapas da educação básica no Brasil, ampliando a educação para tempo integral no país.

- Lei de Diretrizes e Bases (LDB/1996)
Traz um conceito de educação que se aproxima da integral e prevê o oferecimento dessa modalidade em tempo progressivo. Afirma que a educação contempla outros espaços formativos além daqueles escolarizados, abrangendo os processos formativos que se desenvolvem nas diferentes relações que estabelecemos e nos diversos espaços de socialização que frequentamos. Afirma também que a educação almeja o pleno desenvolvimento do educando para que este exercite sua cidadania.

- Estatuto da Criança e do Adolescente (ECA/1990)
Reforça a educação integral e evidencia a importância de aprender além dos muros da escola. Determina que os municípios, estados e União devem facilitar o acesso das crianças e adolescentes a espaços culturais, esportivos e de lazer.

- Constituição Federal (1988)

  Como Carta Magna, apresenta a educação como um direito humano sem distinção de raça, credo, gênero ou posição social. Destaca que "é dever da família, da sociedade e do Estado assegurar à criança, ao adolescente e ao jovem, com absoluta prioridade, o direito à vida, à saúde, à alimentação, à educação, ao lazer, à profissionalização, à cultura, à dignidade, ao respeito, à liberdade e à convivência familiar e comunitária, além de colocá-los a salvo de toda forma de negligência, discriminação, exploração, violência, crueldade e opressão." (Redação da Emenda Constitucional nº 65, de 2010).

- Declaração Universal dos Direitos Humanos (DUDH)

  O documento é a base da luta universal contra a opressão e a discriminação. Nele, são defendidos os princípios de igualdade e a dignidade das pessoas, enquanto direitos humanos essenciais a todos, sem nenhuma distinção de raça, cor, gênero, nacionalidade, idioma, credo e opinião partidária.

  No que tange a educação, o documento aponta ser ela, não apenas um direito universal, mas um meio para que os objetivos do documento sejam alcançados.

Obviamente, as citações expostas acima, acerca dos pressupostos legais que respaldam a educação, foram aqui apresentados de maneira consideravelmente sucinta, apenas para elucidar quão grandiosa é a tarefa dos gestores para conhecê-los e a partir deles, atuar adequadamente em suas distintas realidades escolares.

Além de conhecer profundamente o teor das leis relacionadas à educação, cabe também aos gestores, compreender as concepções curriculares dos segmentos escolares com os quais atuam, para que dessa forma, possam atuar efetivamente no processo de desenvolvimento acadêmico de seus educandos. Não se espera que eles sejam proficientes em todas as disciplinas curriculares, mas que tenham ciência da importância de cada uma delas para que os objetivos promulgados na Base Nacional Comum Curricular sejam atingidos de acordo com os princípios norteadores de uma educação democrática.

Por outro lado, e no mesmo patamar de importância, conhecer profundamente as peculiaridades de cada faixa etária dos educandos, também deve ser um compromisso dos gestores. Se assim o for, a possibilidade de se estabelecer relações interpessoais positivas com os educandos, será muito maior e consequentemente o desempenho escolar deles, será impactado positivamente, como já vimos no capítulo XII, quando tratamos das questões do afeto nas relações humanas.

Se não houver esse compromisso, imaginem o caos que se estabeleceria nas escolas, se os gestores tivessem o mesmo tipo de diálogo com crianças de Educação Infantil e com alunos do Ensino Médio, por exemplo. De qualquer maneira, independente do segmento com o qual atua, a proximidade dos gestores para com o alunado será fundamental para que conheçam verdadeiramente as demandas e o andamento da escola onde está inserido.

Ao atuar junto à Educação Infantil, por exemplo, o estar junto implica muitas vezes até na oferta do colo para acolhimento ou para acalmar conflitos inevitáveis que acontecem entre os pares. Sentar junto, orientar e até mesmo brincar com os pequenos, são possibilidades interativas pautadas na empatia e vão gerar a confiança para com a equipe diretiva. Se as crianças se sentem seguras e respeitadas no ambiente escolar, as relações com as famílias consequentemente serão mais brandas também. Esse contato direto favorecerá em muito a articulação dos currículos das infâncias, garantindo por meio da ludicidade, o desenvolvimento de múltiplas linguagens imbricadas nos diferentes Campos de Experiências sinalizados na BNCC, a saber, Corpo, Gestos e Movimentos; Escuta, Fala, Pensamento e Imaginação; Traços, Sons, Cores e Formas; Espaços, Tempos, Quantidades, Relações e Transformações; O Eu, o Outro e o Nós.

Sendo a Educação Infantil o primeiro contato com o universo escolar, é mister que se compreenda o quão importante ela é para o desenvolvimento físico, emocional e cognitivo das crianças. É nesse período, que as crianças passam a ter relações sociais para além do núcleo familiar, o que representa uma base importante da formação do indivíduo, que ultrapassa questões de ordem cognitiva, considerando que viver em sociedade requer de todos, habilidades que se desenvolvem tão somente nas e pelas relações interpessoais que vivenciamos.

À frente das demandas da escola e para garantir o desenvolvimento pleno das crianças, obviamente em parceria com os professores e demais agentes do cenário escolar, os gestores precisam ter muita clareza de que a Educação Infantil, enquanto primeira etapa da educação básica, tem caráter transformador na formação das crianças, se as peculiaridades da infância forem de fato compreendidas e consideradas. Para tanto é necessário, que a ludicidade seja o carro chefe do cotidiano escolar, respaldando as diferentes propostas de cada campo de experiência, com intencionalidade, porém com leveza e alegria. A escola das infâncias não pode ser um mero preparatório para os anos escolares posteriores, com propostas mecânicas e sem contextos. Ao contrário, instigadas às descobertas, diante de dinâmicas potentes em que possam protagonizar saberes, mediadas por seus educadores, as crianças atingem altos patamares de desenvolvimento de todas as ordens, o que impactará positiva e diretamente seus aprendizados futuros. Nesse percurso, cabe também aos gestores, buscar por formação continuada contemporânea para o corpo docente, para que os educadores possam estar preparados, motivados e engajados com o desenvolvimento infantil em todas as suas vertentes.

Ressaltamos, mais uma vez, a importância de uma gestão próxima de seus educandos, para que possa compreender o funcionamento real da escola, as potencialidades das crianças e para que possa de fato, garantir relações dialógicas e participativas em todos os contextos da educação, partindo certamente da Educação Infantil.

Já ao atuar no Ensino Fundamental I, com crianças de 6 a 10 anos, englobando alunos do 1º ao 5º ano, a proximidade também deve ser garantida, inclusive para desmistificar a imagem social, infelizmente ainda notória em algumas escolas, do gestor autoritário e inacessível, para tê-lo como liderança positiva no ambiente escolar. Para tanto, é necessária uma relação dialógica, respeitosa e afetuosa no cotidiano escolar. Bate papos informais ou sobre assuntos pontuais do desenvolvimento acadêmico, trarão leveza na relação entre os gestores e os alunos, ao mesmo tempo em que trarão pistas valiosas para que a liderança escolar visualize demandas e para que possa melhor administrá-las, em parceria com os demais colaboradores da escola. Não falamos nesse contexto do "gestor amiguinho", pois sua autoridade é importante também para manter o bom funcionamento da engrenagem escolar, mas sabemos que autoridade e autoritarismo são coisas distintas e que boas relações interpessoais entre a gestão escolar e as crianças é algo que não se pode abrir mão, para que se compreendam as demandas de ordem cognitiva, social e emocional e para que possam buscar soluções cabíveis para ajustá-las.

Vale destacar aqui, que o Ensino Fundamental, é o período de maior duração no contexto escolar, abrangendo alunos do 1º ao 9º ano. Para esse período da escolarização de crianças e jovens de 6 a 14 anos, a Base Nacional Comum Curricular (BNCC), trouxe mudanças significativas, perante as quais as escolas precisam se adequar e os gestores precisam ser conhecedores em potencial. Para os anos iniciais, concebendo as situações lúdicas e as diferentes experiências vivenciadas na Educação Infantil, os gestores devem ter em mente a importância de articular saberes e prever sistematizações progressivas, para que as crianças continuem a se desenvolver diante das novas relações com o mundo, mantendo interesse, protagonismo e descobertas acerca do aprender a aprender e do aprender a ser e a conviver.

Na relação com seus educandos, os gestores precisam estar cientes de avanços peculiares da faixa etária, no sentido do aprimoramento da oralidade, de habilidades reflexivas, do posicionamento crítico, da apropriação de sistemas de representação, como do sistema de base alfabética, signos matemáticos, manifestações artísticas, registros midiáticos e científicos. A proximidade com os alunos e o acompanhamento cotidiano das práticas escolares, possibilitará aos gestores uma observação mais assertiva dos processos e consequentemente, isso favorecerá suas análises diretas e suas intervenções para potencializar descobertas, que contribuirão para o desenvolvimento de todos.

O papel democrático dos gestores deverá sempre estimular o pensamento criativo, lógico e crítico, acerca do mundo natural e social, das relações interpessoais e com a natureza. Isso só se constrói estando próximos aos processos que se desenvolvem no âmago das unidades escolares. É fundamental que ao conhecer as características da faixa etária que abrange o Ensino Fundamental, os gestores visem garantir a organização de trabalhos que sejam pautados nos interesses manifestados pelas crianças, para que com base nessas premissas, avancem para novas descobertas de ordem cognitiva mais complexas.

> "os conteúdos dos diversos componentes curriculares [...], ao descortinarem às crianças o conhecimento do mundo por meio de novos olhares, lhes oferecem oportunidades de exercitar a leitura e a escrita de um modo mais significativo" (BRASIL, 2010).

Para assegurar aos alunos um percurso contínuo de aprendizagens que se caracterizam no Ensino Fundamental I por mudanças pedagógicas na estrutura educacional e componentes curriculares, o gestor precisa promover cotidianamente, o sentimento de pertencimento, o que se concretiza por sua participação atuante não apenas nas questões organizacionais da escola. É o estar junto efetivamente, acompanhando, orientando, ouvindo, que se deve buscar na gestão democrática.

Já nos anos finais, no chamado Ensino fundamental II, os estudantes se deparam com desafios acadêmicos ainda mais complexos, ligados às diferentes áreas de estudo. Ao mesmo tempo, é importantíssimo que o desenvolvimento da autonomia seja fortalecido, para que os estudantes tenham as melhores condições e ferramentas para agirem de maneira crítica no meio onde estão inseridos. Isso provém de relações dialógicas e empáticas com os adultos, e aqui destacamos, mais uma vez a postura dos gestores, colocando-se lado a lado com seus estudantes, reconhecendo-os enquanto sujeitos singulares dentro de um colegiado. A estes profissionais, cabe lembrar que os estudantes entre 11 e 14 anos, pertencentes ao Fundamental II, inserem-se em uma faixa etária de transição entre a infância e a adolescência, fase em que hormônios muitas vezes encontram-se efervescentes, trazendo demandas diferenciadas dos segmentos anteriores. É, sem sombra de dúvidas, um período de transformações consideráveis, do ponto de vista físico, emocional e social.

Destaca-se nessa fase também, as formações identitárias e culturais singulares, que demandam práticas escolares diferenciadas e capazes de compreender e acolher as necessidades e as diferentes maneiras de ver o mundo e se posicionar diante dele. Isso requer dos gestores e dos demais educadores, uma maior disposição empática para dialogar com as culturas juvenis.

Outra relevante forma de relação com os educandos é a compreensão de que a cultura digital faz parte da sociedade contemporânea. Sendo assim, colocá-la a favor das aprendizagens e das relações protagonizadas pelos jovens diante dessa cultura é bem-vindo. Enquanto articuladores dos processos que se fundem na escola, os gestores precisam compreender e incorporar a linguagem digital, desvendando possibilidades reais de comunicação e de uso democrático da tecnologia. O uso mais consciente dos recursos tecnológicos se alicerça nas relações interpessoais respeitosas e dialógicas.

Fica evidente que no decorrer de toda a trajetória escolar, os estudantes precisam ser vistos enquanto sujeitos históricos e ativos que se constituem nas interações vividas na escola e fora dela. Não é tarefa simples ou fácil, mas contar com uma gestão escolar que se preocupe com o singular e com o todo, é algo a ser realmente almejado para o bom andamento da educação. Nesse cenário cada vez mais complexo, dinâmico e fluido, as incertezas são muitas e nesse contexto, temos a sequência escolar dos estudantes no Ensino Médio, etapa final da Educação Básica, direito público subjetivo de todo cidadão brasileiro, que abarca teoricamente jovens entre 15 a 17 anos.

Para compreender a complexidade das relações que se consolidam nessa faixa etária, recorremos ao Parecer CNE/CEB nº 5/201, que nos aponta "a juventude como condição sócio-histórico-cultural de uma categoria de sujeitos que necessita ser considerada em suas múltiplas dimensões, com especificidades próprias que não estão restritas às dimensões biológica e etária, mas que se encontram articuladas com uma multiplicidade de atravessamentos sociais e culturais, produzindo múltiplas culturas juvenis ou muitas juventudes".

Isto posto, inferimos quão complexo é também, o papel dos gestores nesse cenário, para que busquem de maneira efetiva, acolher as diversidades e promover intencionalmente o respeito aos sujeitos e aos seus direitos.

De acordo com os princípios que regem a gestão democrática, os profissionais que atuam à frente da organização escolar, em relação ao Ensino Médio, precisam estar capacitados e abertos a reconhecer o protagonismo dos estudantes enquanto interlocutores legítimos sobre currículo, ensino e aprendizagem. Significa permitir-lhes definir seus próprios projetos de vida, do ponto de vista social, ético e político. Ao mesmo tempo, evidencia-se a necessidade de lhes proporcionar experiências e processos de aprendizagens compatíveis com o mundo contemporâneo e suas demandas sociais, econômicas e ambientais e que respondam a aspirações presentes e futuras. É preciso crer que todos os educandos, sem exceção, podem aprender e conquistar seus ideais, e para isso, além de um posicionamento empático que favoreça concretamente as aprendizagens, teoricamente, com base na BNCC em relação ao Ensino Médio, os gestores precisam assumir os seguintes compromissos: favorecer a atribuição de sentido às aprendizagens, de maneira contextualizada; garantir protagonismos estudantis no que tange aprendizagens e o desenvolvimento de suas habilidades de diferentes ordens; valorizar os papéis sociais desempenhados pelos jovens, e qualificar os processos identitários; assegurar tempos e espaços para aprofundamento de conhecimentos e trocas entre os pares; promover a aprendizagens e atitudes colaborativas.

Também é fundamental que os gestores democráticos se preocupem com o desenvolvimento de competências que favoreçam, mesmo que a longo prazo, a preparação básica dos jovens para o trabalho e para o exercício da cidadania. Assim, por meio das relações que se estabelecem nas escolas, aos jovens precisa ser assegurado o acesso qualificado às bases científicas e tecnológicas, a contextualização dos saberes, o reconhecimento das diferentes formas de produção de trabalho na sociedade contemporânea, a promoção de uma visão empreendedora que abarque entre outros, criatividade, inovação, organização, planejamento, responsabilidade, liderança, colaboração, visão de futuro, assunção de riscos, resiliência e curiosidade científica.

Por meio de uma gestão atuante e próxima do alunado, será possível reconhecer êxitos a serem mantidos e caminhos a serem percorridos para que se atinja cotidianamente o aprimoramento dos educandos como pessoas humanas, repletas de potencialidades.

Enfim, apontamos como base máxima das relações entre gestores e alunos, o respeito, o diálogo, o combate absoluto a estereótipos, a valorização, o incentivo ao protagonismo, o fortalecimento do conhecimento técnico-científico e do sentimento de pertencimento.

CAPÍTULO XV

As Relações entre Gestores Escolares e o Corpo Docente – Teoria e Prática

Como já enaltecido em capítulos anteriores, sabemos que as relações interpessoais pautadas em princípios éticos e de respeito, favorecem em muito a construção de ambientes de trabalho onde o sentimento de pertencimento seja assumido por todos, independentemente de suas funções.

Ao pensarmos no professor enquanto mediador que atua diretamente entre o conteúdo, as práticas pedagógicas e o aluno, o compromisso para que se tenha uma relação interpessoal saudável com a equipe gestora é, no mínimo fundamental.

Como também já vimos, por uma questão organizacional, há uma hierarquia na estrutura escolar, porém essa não pode ser, em hipótese alguma, um símbolo de autoritarismo. Ao contrário, com base em preceitos democráticos, a hierarquia deve favorecer a articulação entre as demandas e os caminhos para que se alcance as melhores soluções. Nessa perspectiva, novamente o diálogo é a base das relações e não seria diferente entre gestores e o corpo docente.

Uma das inúmeras atribuições do gestor democrático é criar um ambiente propício para o desenvolvimento de relações interpessoais entre todos os que compõem a organização escolar, para que o trabalho coletivo se efetive de maneira eficiente e compatível com as normativas e em prol do desenvolvimento pleno dos educandos. As relações interpessoais positivas, fruto da afetividade, enquanto ato de afetar a alguém, resultam na constituição de valores, vontade, interesses, necessidades e motivações que guiarão escolhas e decisões ao longo da vida (Mahoney, 2011). Ao se debruçar sobre a formação do corpo docente com base nas dimensões afetivas, o gestor por certo também possibilitará o desenvolvimento de outras dimensões, também pautadas na afetividade, pois o professor é um articulador de processos e relações no cenário escolar. Almeida (2002), afirma que a maneira com que o professor expressa afetividade repercute diretamente nos alunos, tanto na dimensão cognitiva como na forma de se relacionar com os conteúdos curriculares. Inferimos então, que o ato de afetar é cíclico, e se as relações forem estruturadas a partir da positividade das intenções relacionais, no caso falando da relação entre gestores e educadores, todo o contexto escolar é beneficiado por consequência.

Os gestores devem, portanto, ter um olhar consideravelmente sensível para as relações interpessoais com seus educadores, criando ambientes respeitosos e propícios ao diálogo, à troca de saberes, à busca por práticas inovadoras, aa desejo pela formação continuada. Isso tudo é possível, desde que na hierarquia escolar, ele não se coloque em um pedestal autoritário e se coloque como um grande colaborador e parceiro de seus professores.

Obviamente, a relação interpessoal saudável e promissora no ambiente escolar, é uma via de mão dupla. É necessário haver também por parte dos educadores, reciprocidade e comprometimento com os processos escolares. Espera-se que tenham abertura para opinarem, mas também para ouvirem de forma acolhedora e crítica construtiva, ao mesmo tempo. É preciso que se engajem nas atividades cotidianas e vislumbrem com entusiasmo, novas projetações. É preciso que sejam firmes, porém suaves e que fomentem a democracia em seus fazeres pedagógicos. Com base em Placco (2005), inferimos que é em torno de um projeto escolar, focado na formação global do aluno, que os professores e gestores devem congregar suas funções.

Ao sentirem-se respeitados, mesmo diante das divergências de opiniões, os professores se sentem livres para se posicionarem e para fazerem valer seus direitos e deveres na instituição escolar. O que realmente se almeja, é que para validá-los, não se instalem climas desarmônicos e muito menos desrespeitosos, de qualquer ordem.

O investimento na formação continuada dos professores é uma das atribuições dos gestores e deve ser efetivada a partir das normativas vigentes, para que os educadores possam se apropriar e aprimorar suas práticas adequadamente e a partir do que for solicitado pelo próprio grupo de educadores, frente à realidade de cada escola, o que, aliás, deve estar apontado no próprio Projeto Político Pedagógico.

É bastante evidente que cada vez mais, a função dos gestores escolares inclua também as questões de ordem pedagógica. Não cabe mais na educação contemporânea, a figura de gestões pautadas na funcionalidade burocrática da escola, não que isso não seja também importante. Hoje, o cotidiano das escolas, clama por interações potentes e engajadas no desenvolvimento das singularidades dos sujeitos dentro do contexto das inúmeras vertentes sociais, políticas, econômicas e cognitivas. Por outro lado, infelizmente ainda nos deparamos com disparidades nesse sentido e se a prática dialógica não permear o universo escolar, o caos certamente se instala e o que vemos, por vezes são ambientes nocivos de trabalho. Souza (2009) pondera que se os indivíduos que compõem a instituição não pautam suas ações pelo diálogo e pela alteridade, pouco restará de democrático nas ações coletivas.

Ao pontuarmos a necessidade do gestor estar mais próximo das questões pedagógicas, não esperamos que ele seja um especialista supremo de cada disciplina da grade curricular de cada segmento, mas ele precisa estar apto para liderar discussões curriculares e para eleger, com participação direta de seus professores, os melhores caminhos a percorrer para que os objetivos educacionais referenciados na Base Nacional Comum Curricular (BNCC) possam ser garantidos em todos os segmentos da educação básica.

Em termos práticos e cotidianos, algumas considerações podem elucidar determinados posicionamentos mais relevantes da relação entre gestores e professores, sob a ótica dos princípios democráticos. Vejamos:

- Gestões acessíveis ao corpo docente ganham a confiabilidade dos professores para que diálogos profissionais se estabeleçam com maior leveza. Portas fechadas, acesso mediante apenas a agendamentos, conferem uma abordagem arcaica de gestão.

- Autoritarismo e autoridade são questões distintas. Bons gestores sabem distingui-los com clareza e não optam pelo primeiro por não ser compatível com sua própria visão de mundo. Se ao contrário for, haverá professores subordinados e não parceiros em potencial.

- Sempre que possível, o "estar junto", significa estar presente também fisicamente, nos corredores da escola, na sala dos professores, em passagens pelas salas de aula, no contato com os alunos e famílias, nas reuniões pedagógicas. Com o mesmo grau de importância, o "estar junto" pode estar explícito na relação de confiança que o gestor estabelece com seus professores, validando suas propostas e orientando-os adequadamente para melhorias, sem nenhum teor impositivo.

- Sem favoritismos de qualquer ordem, os gestores devem atentar-se às lideranças positivas entre seus parceiros de trabalho e, com habilidade, devem potencializá-las a favor do grupo e promover assim corresponsabilidade.

- Encorajar trabalhos cooperativos entre os pares e ser modelo vivo dessa prática, é sem sombra de dúvida uma postura bastante adequada aos gestores.

- Permitir espontaneidade para a discussão de problemas ou de soluções despertará o tão almejado sentimento de pertencimento do corpo docente.

- Agir de forma imparcial, com senso de justiça e fomentando práticas pautadas na cordialidade simultânea, são "temperos" essenciais de uma gestão democrática.

- Manter o corpo docente informado sobre alterações nas normativas que regem a educação, assim como acordar sobre planos internos da unidade escolar, trarão maiores possibilidades de prontidão nos cumprimentos regulamentares e corresponsabilidade perante as demandas mais imediatas da escola.

As citações acima podem parecer utópicas diante da realidade de muitas escolas, mas são bastante perceptíveis em muitas outras. Se a prática de gestão democrática ainda não se sustenta, o esforço em constituí-la deve ser emergencial, afinal falamos da educação do século XXI e de bases educacionais democráticas explícitas nas normativas brasileiras. O alinhamento interpessoal entre gestores e professores é um princípio do qual não se pode abrir mão nesse processo. Certamente essa conquista seja um desafio para todos os envolvidos, mas ao atingir patamares de diálogos consistentes, respeitosos entre esses profissionais, haverá robustez em todos os demais processos e relações que permeiam a escola.

CAPÍTULO XVI

As Relações entre Gestores Escolares e a Equipe Administrativa – Teoria e Prática

Para que toda a engrenagem escolar funcione harmonicamente e na perspectiva de atender as demandas de ordem burocrática, como sistemas de notas e frequência escolar, documentações e contratos de matrícula, transações financeiras, processos administrativos, limpeza e manutenção do prédio escolar, há um trabalho bastante complexo desempenhado por profissionais específicos e responsáveis por cada uma dessas áreas. Em algumas unidades escolares, há a presença do gestor administrativo, que organiza esses setores, porém, na maioria dos casos é o próprio diretor que acumula também essas responsabilidades, para que o processo de ensino-aprendizagem siga ocorrendo dentro das salas de aula.

Esses processos específicos ocorrem concomitantemente com os processos pedagógicos e assim com estes, envolvem relações interpessoais com os gestores de forma direta ou indireta e precisam ser cuidadas com o mesmo olhar democrático para que imbricadas umas nas outras, contribuam favoravelmente para o desenvolvimento do processo ensino e aprendizagem.

Nessa relação, a clareza quanto às diretrizes da escola e a participação nas discussões que permeiam o cotidiano escolar a fim de perceber a realidade escolar em seus diferentes setores, são elementos fundamentais. Tornar a escola um ambiente participativo demonstra de fato, que a sua gestão se preocupa com os profissionais, estudantes e familiares, enquanto sujeitos importantíssimos que constituem a escola.

É notório ser também o diálogo, o carro chefe dessas relações entre os gestores e os profissionais que atuam na área administrativa da escola.

Ao estar presente dialogicamente nas áreas financeira, pedagógica e na secretaria escolar, o gestor terá como verificar o andamento das diferentes vertentes da escola e colaborar no sentido de levantar, juntamente com os diferentes funcionários que atuam em cada um desses setores, quais são as estratégias mais adequadas para promover melhorias em questões ligadas à captação de novas matrículas, à utilização mais adequada dos recursos financeiros, focando em prioridades apontadas pelo grupo e outras demandas estruturais da escola.

Olhar atento, escuta ativa e empática para com cada um dos setores administrativos, serão a chaves mestras para que se estabeleça uma relação de confiança entre o gestor e os sujeitos responsáveis pelos departamentos específicos. Com isso, pretende-se conquistar, uma maior agilidade na execução de tarefas rotineiras ou de médio e longo prazos, sem a necessidade de refazer tais tarefas, pela diminuição de erros, um aumento significativo na produtividade, um levantamento mais fiel das demandas escolares, que otimizem tomadas de decisão assertivas e uma integração de fato efetiva entre os diferentes setores que compõem a escola.

Partindo do princípio de que a comunicação, interação social, empatia são elementos fundamentais da relação entre as pessoas, podemos afirmar que são também imprescindíveis no ambiente de trabalho. Esse pressuposto deve ser assumido pelas gestões escolares, para que impactem positivamente o desempenho individual das pessoas com as quais trabalham de forma direta ou indireta, lembrando que o incentivo ao crescimento individual dos sujeitos, valorizando-os e orientando-os, propiciará por consequência, um crescimento da organização escolar, em seus diferentes setores.

Não podemos conceber a liderança como uma característica inata dos gestores, pois, na verdade, sua constituição faz parte de um processo social e depende do esforço individual dos sujeitos, no decorrer das experiências e contextos vivenciados.

Enfim, empatia, comprometimento e diálogo aberto acerca de qualquer assunto que envolva os departamentos que constituem a escola, devem ser a base recíproca da relação entre os gestores e toda a equipe administrativa.

Do ponto de vista prático, qualquer movimento autoritário e sem escuta apurada por parte dos gestores, na relação interpessoal com a equipe administrativa, pode levar à instalação de um verdadeiro caos na funcionalidade da escola.

CAPÍTULO XVII

O Ambiente Escolar cuidado pelos Gestores

Como já colocado nos capítulos anteriores, o ambiente escolar ancora inúmeros desafios de diferentes ordens e, para que toda essa engrenagem que move os indivíduos envolvidos nas instituições escolares, funcione adequadamente, o papel dos gestores ganha destaque por suas imensuráveis responsabilidades, diante das pessoas e da produtividade almejada pela sociedade.

Enquanto líder que se constitui processualmente nas e pelas experiências vivenciadas por meio das relações interpessoais, o gestor deve estar apto para engajar sua equipe nos distintos processos que ocorrem cotidianamente na escola. Dessa forma, o ambiente escolar deve ser permeado por debates, levantamento de prioridades e relações dialógicas que sustentem decisões coletivas, sob a liderança dos gestores.

Manter o ambiente escolar harmônico, apesar das dificuldades e divergências que certamente surgirão no cotidiano escolar, não é tarefa fácil e exige da gestão escolar muita competência e engajamento. Só assim, haverá produtividade compatível com premissa de uma educação de qualidade para todos.

O exemplo de comprometimento diário estruturado na parceria com professores, alunos, equipe administrativa e comunidade, clamará por posturas também comprometidas em manter um ambiente de trabalho harmônico, reflexivo e consciente das obrigações supremas que regem a instituição escolar.

Neste contexto, não podemos deixar de fazer referência ao universo tecnológico em que vivemos nos dias atuais, onde muitos processos são otimizados pela tecnologia digital, porém, é atemporal o fato de que as relações entre as pessoas sejam ainda primordiais no ambiente escolar.

Ao falarmos do ambiente escolar, permeado de relações interpessoais de diferentes instâncias, não podemos deixar de citar o ilustre educador Paulo Freire, que em uma de suas valiosas reflexões, aponta que: "Educação não transforma o mundo. Educação muda pessoas. Pessoas transformam o mundo" (FREIRE, 1987). Se pensarmos, na constituição dos sujeitos nas relações com os outros e com o meio ao qual está inserido, a contribuição de Freire faz todo o sentido e pode servir como inspiração aos gestores escolares.

Diante do contexto social em que vivemos, onde é urgente olhar para as questões de justiça social, respeito à vida e ao meio ambiente, respeito à diversidade de raças, credos, gêneros e culturas, o desafio da gestão se torna ainda mais complexo, pois para reverter o quadro em que a educação se encontra são necessários grandes esforços que não dependem apenas das convicções de uma gestão democrática e dos liderados por ela. É preciso empenho de políticas públicas para que se superem as desigualdades inaceitáveis. A discussão de tais temáticas no ambiente escolar potencializará a compreensão de que o desenvolvimento do pensamento crítico e reflexivo sobre as questões sociais deva fazer pare do âmbito escolar, lembrando que pessoas têm o poder de transformar o mundo.

Outra questão importante a ser considerada no ambiente escolar, sem que se faça "vista grossa" diante dela, está relacionada às situações de violência que ocorrem muitas vezes dentro das escolas e principalmente no entorno delas, nas comunidades familiares onde os alunos estão inseridos diretamente. Assim promover no âmago da escola, uma Educação Moral contextualizada, significativa e não impositiva para os alunos, pode promover reflexões acerca das problemáticas que os envolvem de forma direta ou indireta. Ao longo prazo, isso poderá impactar positivamente a formação de princípios que envolvam o pensar e o agir de cada ser humano, voltado para o respeito às diferenças de qualquer ordem.

Os gestores escolares precisam de fato promover um ambiente escolar, que permita a participação ativa dos alunos, dos educadores, dos colaboradores e das famílias, democratizando as relações interpessoais e incentivando corresponsabilidades para o bom funcionamento da escola, sem deixar de dar supremacia às aprendizagens acadêmicas. A democratização das relações entre os agentes da Escola e os membros da comunidade, possibilitará um ambiente favorável para negociações e soluções em prol de todos, com base em processos reflexivos, capazes de romper paradigmas nocivos instalados na sociedade.

Há de se considerar também como importante responsabilidade dos gestores, a visão da escola, enquanto espaço público de convivências e aprendizados, no qual crianças e jovens passam seu tempo. Dessa forma, o cuidado com a estrutura física da escola, a forma com que se organizam os espaços, a preocupação com a manutenção constante, o empenho com a segurança de todos, revelam explicitamente sobre os princípios que regem cada escola. Não nos referimos à beleza do prédio físico, mas a espaços que se preocupem em favorecer aprendizados e em garantir o bem-estar de todos os que os frequentam.

Outra importante demanda a ser observada pelos gestores, no ambiente escolar, é a prática de ações sustentáveis, enquanto dever ético, comum a todos os seres vivos, reconhecendo a Terra como a nossa morada e nossa responsabilidade planetária para com ela. Dessa maneira, espaços e ações devem permear as dinâmicas escolares que despertem uma consciência crítica em relação ao cuidado com o planeta. Essa postura deve estar vinculada não apenas às importantes investigações científicas aceca do tema, mas nas práticas diárias que envolvem ações como: descarte correto do lixo, separando por categorias e encaminhamento para ONGS que melhor destinem as coletas; escolha de materiais e mobiliários escolares mais orgânicos que não impactem negativamente a natureza; desplastificação do ambiente escolar; conscientização sobre o consumo exacerbado que se consolida na sociedade; reaproveitamento de materiais escolares, por meio de sistemas de trocas ao final do ano letivo; incentivo ao uso e canecas individuais ou *squeezes* para consumo de água; cor responsabilização em manter luzes apagadas e torneiras fechadas quando não estiverem em uso; implantação de composteiras e descarte de alimentos que possam gerar biofertilizantes naturais; ações solidárias em prol de causas distintas e acima de tudo empatia e respeito permeando a convivências entre os sujeitos.

Enfim, o gestor precisa ter como foco um ambiente escolar prazeroso, envolvente, democrático, reflexivo, organizado e permeado por relações dialógicas e salutares para o desenvolvimento de qualidade dos processos de ensino e aprendizagem.

Referências

ALMEIDA, Laurinda Ramalho de. A dimensão relacional no processo de formação docente. In: ALMEIDA, Laurinda Ramalho de; BRUNO, E. B. G.; CHRISTOV, L. H. da Silva. O coordenador pedagógico e a formação docente. São Paulo: Loyola, 2002.

ALMEIDA, Laurinda Ramalho de, PLACCO, V. O papel do coordenador pedagógico. Revista Educação. Set. 2011.

ALMEIDA, S. F. C. de. O lugar da afetividade e do desejo na relação ensinar aprender. In Temas em Psicologia. Ribeirão Preto, n° 1, 31-44, 1993.

AVILÉS, J. M. A. Bullying: guia para educadores. Campinas, SP: Mercado de Letras, 2013.

BRASIL. Conselho Nacional de Educação; Câmara de Educação Básica. Resolução n° 7, de 14 de dezembro de 2010. Disponível em: <http://portal.mec.gov.br/dmdocuments/rceb007_10.pdf>. Acesso em: 23 de dezembro de 2022.

BRASIL. Lei de Diretrizes e Bases da Educação Nacional: Lei n° 9.394/96. Disponível em http://portal.mec.gov.br/arqyuivos/pdf/diretrizes.pdf. Acesso em 7 de setembro de 2022.

BRASIL. Lei n° 4.024, de 20 de dezembro de 1961. Brasília: Senado Federal, 1961. Disponível em: https://www2.camara.leg.br/legin/fed/lei/1960-1969/lei-4024-20-dezembro-1961-353722-publicacaooriginal-1-pl.html. Acesso em: 7 out. 2022.

BRASIL. Plano nacional de educação: lei federal n° 13.005, de 25 de junho de 2014.

BRASIL. Programa de Fortalecimento Nacional dos Conselhos Escolares. Brasília: MEC, 2004a.

BRASIL. Estatuto da Criança e do Adolescente. Lei 8.069/90.

CARVALHO, R. E. Educação inclusiva: com os pingos nos "is". 4. ed. Porto Alegre: Mediação, 2004.

CHARLOT, B. A violência na escola: como os sociólogos franceses abordam essa questão. Sociologias, Porto Alegre, ano 4, n° 8, jun./dez.2002.

CHAUÍ, M, NOGUEIRA. M. A. (2007). Pensamento Político e a Redemocratização do Brasil. Lua Nova, São Paulo, n° 71, p. 173-228, 2007. Disponível www.scielo.br/pdf/ln/n71/05.pdf, acesso em 01 de outubro de 2022.

FERREIRA, N. S. C. (Org.) Gestão da educação: impasses, perspectivas e compromissos. São Paulo: Cortez, 2006.

FONSECA, Marília (Orgs). Avaliação: políticas e práticas. Campinas, Papirus, 2001.

FREIRE, Paulo. Pedagogia do Oprimido. 17^a ed. Rio de Janeiro: Paz e Terra, 1987.

FREIRE, Paulo. Educação como prática de liberdade. Rio de Janeiro: Paz e Terra, 1992.

GADOTTI, Moacir. Pressupostos do Projeto Pedagógico. In: Cadernos da Educação Básica. O Projeto Pedagógico da Escola. Atualidades Pedagógicas. MEC/FNUAP, 1994.

GADOTTI, Moacir. Concepção dialética da educação: um estudo introdutório. São Paulo: Cortez, 2001.

IBIAPINA, I. M. L. M. Pesquisa colaborativa: investigação, formação e produção de conhecimentos. Brasília, DF: Libe Livros. 2008.

IMBERNÓN, F. Formação continuada de professores. Porto Alegre: Artmed. 2010.

LEITE, S. A. da S.; TASSONI, E. C. M. A afetividade em sala de aula: as condições de ensino e mediação do professor. In AZZI, R. G. e Sadalla, A. M. F. A. (org.), psicologia e formação docente: desafios e conversas. São Paulo: Casa do Psicólogo, 2002.

LOPES, A. L. et al. Projeto político pedagógico: orientação para o gestor escolar. São Paulo: Fundação Santillana, 2016.

MAHONEY, Abigail Alvarenga e ALMEIDA, Laurinda Ramalho de. Afetividade e processo ensino-aprendizagem: contribuições de Henri Wallon. *Psicologia da educação* [online]. 2005, n° 20. Disponível em http://pepsic.bvsalud.org/scielo.php?script=sci_abstract&pid=S1414-69752005000100002. Acesso em 02 de janeiro de 2023.

MANIFESTO dos Pioneiros da educação Nova. Revista Brasileira de Estudos Pedagógicos, v. 65, n° 150, p. 407-425, mai./ago. 1984.

OLIVEIRA, Romualdo Portella. A Organização do Trabalho como Fundamento da Administração Escolar: Uma Contribuição ao debate sobre a gestão democrática na escola. Disponível em http://www.crmariocovas.sp.gov.br/pdf/ideias_16_p114-124_c.pdf.

PILETTI, N. Estrutura e funcionamento do ensino fundamental. Estrutura e funcionamento do ensino fundamental. Estrutura e funcionamento do ensino fundamental. São Paulo: Ática, 1998.

PLACCO, V. M. N. S. O Coordenador pedagógico e o espaço de mudança. São Paulo, Loyola, 2005.

PLACCO, V. M. N. S. e SOUZA, V. L. T. Problematizando as dimensões constitutivas da identidade do CP: articular/formar/transformar como unidade de ação. In: In: PLACCO, V. M. N. S. e ALMEIDA, L.R. (Orgs) O Coordenador Pedagógico e questões emergentes na escola. São Paulo, Edições Loyola, 2019.

RANGEL, Mary (org.). Nove Olhares sobre a Supervisão. 14ª Ed. Campinas: Papirus, 2008.

REGO, T. C. Configurações sociais e singularidades: o impacto da escola na constituição dos sujeitos. In: OLIVEIRA, M. K. de.; SOUZA, D. T. R.; REGO, T. C. (Orgs.). Psicologia, educação e as temáticas da vida contemporânea. São Paulo: Moderna, 2002.

SAVIAVI, D. A nova lei da educação – LDB: trajetória e limites. Campinas: autores associados, 1997.

SAVIAVI, D. História das ideias pedagógicas no Brasil. Campinas: Autores Associados, 2010.

SECO, Ana Paula; ANANI A. S., Mauricéia e FONSECA, Sonia Maria. Antecedentes da administração escolar até a república (1930), In: Revista

HISTEDBR Online, Campinas, n° especial, p. 54-101, ago. 2006. Disponível em: <http://www.histedbr.fae.unicamp.br/rev22e.html>. Acesso em: 15. Setembro 2022.

SOUZA, A. R. de. Explorando e construindo um conceito de gestão escolar democrática. Educação em Revista, v. 25, n° 03, p. 123-140, dez. 2009.

TEIXEIRA, Anísio. A educação para a democracia: introdução à administração educacional. 3. ed. Rio de Janeiro: Editora UFRJ, 2007.

UNESCO – Organização das Nações Unidas para a Educação, Ciência e Cultura. Declaração de Salamanca. 1994. Disponível em: http://portal.mec.gov.br/seesp/arquivos/pdf/salamanca.pdf. Acesso em: 22 nov. 2022.

VASCONCELLOS, Celso Santos. Planejamento: projeto de ensino--aprendizagem e projeto político-pedagógico. São Paulo: Libertad, 2000.

VASCONCELLOS, Celso Santos. Coordenação do trabalho pedagógico: do projeto político-pedagógico ao cotidiano da sala de aula. 6. ed. São Paulo: Libertad, 2002.

VEIGA, Ilma Passos A. Projeto Político Pedagógico da Escola: uma construção coletiva. In: Veiga Ilma Passos A. (Org). Projeto Político Pedagógico da Escola – uma construção possível. Campinas: Papirus, 1995.

VEIGA, Ilma Passos A; RESENDE, L. M. G. de. (Orgs.). Escola: espaço do projeto político-pedagógico. 7. ed. São Paulo: Papirus, 2003.

VIGNON, L.; SALIBA, M. Guia do educador: teorias pedagógicas: educação infantil. São Paulo: Eureka, 2015.

VIGNON, L.; SALIBA, M. Projeto Político-Pedagógico da Escola: uma construção possível. 2. ed. Campinas: Papirus, 1998.

XAVIER, Elizabete Sampaio Prado. Poder político e educação de elite. São Paulo: Cortez, 1980.